인간 vs. AI 정규표현식 문제 풀이 대결

인간 vs. AI 정규표현식 문제 풀이 대결

1판 1쇄 발행 2023년 10월 5일

지은이 데이비드 머츠
옮긴이 김모세
펴낸이 장성두
펴낸곳 주식회사 제이펍

출판신고 2009년 11월 10일 제406-2009-000087호
주소 경기도 파주시 회동길 159 3층 / **전화** 070-8201-9010 / **팩스** 02-6280-0405
홈페이지 www.jpub.kr / **투고** submit@jpub.kr / **독자문의** help@jpub.kr / **교재문의** textbook@jpub.kr

소통기획부 김정준, 이상복, 김은미, 송영화, 권유라, 송찬수, 박재인, 배인혜, 나준섭
소통지원부 민지환, 이승환, 김정미, 서세원 / **디자인부** 이민숙, 최병찬

진행 및 교정·교열 김은미 / **내지디자인 및 편집** 이민숙
용지 타라유통 / **인쇄** 해외정판사 / **제본** 일진제책사

ISBN 979-11-92987-39-2 (93000)
값 22,000원

※ 이 책은 저작권법에 따라 보호를 받는 저작물이므로 무단 전재와 무단 복제를 금지하며,
　 이 책 내용의 전부 또는 일부를 이용하려면 반드시 저작권자와 제이펍의 서면 동의를 받아야 합니다.
※ 잘못된 책은 구입하신 서점에서 바꾸어드립니다.

제이펍은 여러분의 아이디어와 원고를 기다리고 있습니다. 책으로 펴내고자 하는 아이디어나 원고가 있는 분께서는 책의 간단한 개요와 차례, 구성과 지은이/옮긴이 약력 등을 메일(submit@jpub.kr)로 보내주세요.

Regular Expression Puzzles and AI Coding Assistants

인간 vs. AI 정규표현식 문제 풀이 대결

데이비드 머츠 지음 / 김모세 옮김

Jpub
제이펍

차 례

CHAPTER 1 | 이 책이 다루는 범위   1

CHAPTER 2 | 수량자와 특별한 하위 패턴들   11

CHAPTER 4 | 정규표현식을 사용해서 함수 생성하기 61

옮긴이 머리말 ─────────────────────────────

정규표현식은 대량의 문자열에 대한 복잡한 처리를 효율적으로 할 수 있게 해주는 강력한 도구입니다. 이 책을 손에 든 여러분들은 한 번쯤 정규표현식을 사용해본 적이 있을 것입니다.

ChatGPT로 대표되는 대규모 말뭉치 기반large language model, LLM의 생성형 AI는 놀랍도록 빠른 속도로 발전했고, 지금 이 순간에도 학습을 계속하며 발전하고 있습니다. 수많은 영역에서 생성형 AI가 두각을 보이고 있어 우리의 일자리를 앗아갈지도 모른다는 걱정이 이제는 기우가 아니라는 생각마저 듭니다.

이 책에서는 가장 활발하게 발전하고 있는 AI 코딩 어시스턴트(코파일럿, ChatGPT)로 정규표현식 퍼즐들을 풀어봅니다. 여러분이 직접 정규표현식을 사용해서 퍼즐을 풀어나가는 과정과 코딩 어시스턴트를 활용해 같은 퍼즐을 풀어나가는 과정 속에서 코딩 어시스턴트의 놀라운 성능과 능력을 경험할 것입니다. 그리고 아직 인간의 직관이라는 영역에 이르지 못한 AI 코딩 어시스턴트 모습을 통해 한 줄기 희망을 경험할지도 모릅니다. 생성형 AI와 함께 살아갈 여러분의 미래에 어떠한 통찰을 전할 수 있기를 바랍니다.

책을 번역할 수 있는 기회를 주신 제이펍 대표님과 관계자 여러분께 감사드립니다. 또한, 리뷰를 통해 부족한 부분을 짚어주고 더 좋은 책이 되도록 도와준 베타리더분들께도 깊은 감사의 말을 전합니다. 여러분 덕분에 이 책이 세상에 나올 수 있었습니다. 마지막으로 번역하는 동안 한결같은 사랑으로 곁을 지켜준 아내와 세 아이에게도 고맙다고 말하고 싶습니다.

김모세 드림

김민규(큐셀네트웍스)

GPT-3.5로 업데이트해 실습을 했기 때문에 조금 다른 부분도 있었지만 궁금한 부분을 따라
해보는 데 도움이 됩니다. 번역서라는 한계가 있겠으나 책의 내용이 좀 더 편하게 실습할 수
있도록 구성되었다면 더 좋았을 것 같다는 아쉬움이 있습니다. 많이 배운 베타리딩이었습니다.
감사합니다.

 김용현(Microsoft MVP)

이 책은 정규표현식을 주제로 ChatGPT와 상호작용하면서 생성 AI를 활용해 생산성을 높이는
방법을 알려줍니다. 파이썬에 익숙하지 않은 독자도 쉽게 이해할 수 있도록 설명합니다. 또한,
ChatGPT와 주고받은 내용을 모두 한글화하고 부록을 통해 정규표현식을 설명해 독자의 이
해를 돕습니다. 출간을 위해 애써주신 모든 분들, 수고하셨습니다.

김진영

인간(저자)과 AI의 관점에서 문제를 풀이하는 내용의 전개 방식이 꽤 흥미로웠습니다.
ChatGPT와 코파일럿이 제안한 바를 참고하고 검증해야 한다는 실례를 확인할 수 있었던 점이
무척 좋았습니다. 이해하기 어려운 정규표현식은 ChatGPT와 코파일럿에 설명을 요청했는데,
설명이 잘 나누어져 있어 쉽게 확인할 수 있었습니다. 다만 파이썬에 대한 지식은 크게 필요하
지 않으나 정규표현식에 대한 기초 지식이 필요합니다. 그동안 정규표현식을 가볍게 필터링하
는 용도로만 사용해왔는데, 전방탐색과 같은 개념을 새로이 배우는 좋은 학습의 기회가 되었
습니다.

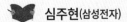 **심주현**(삼성전자)

이 책은 뒤로 갈수록 어려운 24개의 퍼즐을 저자와 AI가 서로 풀어보는 형태로 구성되었습니다. 특히 코파일럿 혹은 ChatGPT에게 같은 퍼즐을 풀도록 하고 AI의 좋은 점과 한계를 설명해줍니다. 저자가 ChatGPT에게 퍼즐의 내용을 이해시키기 위해 작성한 프롬프트 구성 방식을 익혀두면 ChatGPT를 이용할 때 많은 도움이 될 것 같습니다.

윤수혁(코나아이)

단순히 정규표현식 문제를 풀어내는 책이 아닙니다. 다양한 분야는 물론, 정규표현식과 엮이지 않을 것 같은 내용도 함께 엮여 나옵니다. 흥미와 즐거움이라는 두 마리 토끼를 모두 잡은 책입니다. 현재 AI는 책을 쓸 당시보다 더 발전되었으니 책에 담긴 질문을 하면 어떻게 대답할지 비교하며 읽으면 더 좋을 것 같습니다.

이학인(대법원)

이 책은 정규표현식을 실제로 적용하는 것에 초점을 맞추기 때문에 정규표현식이 익숙하지 않은 분들은 부록 A의 '정규표현식 사용 방법'을 먼저 읽는 것을 추천합니다. 예제는 IT 실무 관련성이 높고 실용적이어서 업무에 적용할 수 있는 인사이트를 많이 얻을 수 있었습니다. 정규표현식을 공부하고 생산성 향상을 위해 AI 활용 방법에 대한 인사이트를 얻고자 하는 모든 사람에게 적극 추천합니다.

정태일(삼성SDS)

정규표현식을 따분한 문법과 규칙의 나열이 아니라 대표 AI 도구인 코파일럿과 ChatGPT의 답변을 비교하면서 배울 수 있습니다. AI가 좋은 답변을 줄 때도 있지만, 때로는 기대와 다른 응답을 주는 모습을 보면서 정규표현식을 배움과 동시에 개발할 때 효과적으로 AI를 활용하는 방법에 대한 인사이트를 제공합니다. ChatGPT, 코파일럿 등 AI 기반 서비스가 핫한 요즘 이를 활용하여 정규표현식 퍼즐을 풀고 문제를 해결해나가는 경험을 할 수 있었던 근사한 책이었습니다. 향후 몇 년에 걸쳐 ChatGPT가 우리의 개발 생태계에 자연스레 녹아들 텐데 어떻게 AI와 공존하며 효과적으로 활용할지를 고민해볼 수 있었습니다.

허민(한국외국어대학교)

정규표현식은 비결정적 유한 상태 기계의 특성을 갖고 있어 많은 사고를 해야 합니다. 그렇기에 옆에 앉은 고수에게 과외받듯이 함께 고민하는 과정, 즉 사고 과정을 공유하는 방식이 가장 효과적인 학습 방법입니다. 24가지 퍼즐을 독자가 사고하고 저자의 생각을 엿본 뒤, AI의 생각을 탐구하는 과정을 거침으로써 과외받는 느낌으로 학습할 수 있도록 구성되었다는 점이 인상적이었습니다. 게다가 ChatGPT, 깃허브 코파일럿 등 AI 프롬프트 활용에 관한 고민도 엿볼 수 있어 매력적으로 다가왔습니다. AI가 좋은 해결책을 찾을 때 도움이 되는 빛나는 조각(실마리)을 찾는 데 유용하다고 느꼈으며, 정규표현식을 for 문처럼 활용하는 등의 접근 방식도 배울 수 있어 많은 도움이 되었습니다.

제이펍은 책에 대한 애정과 기술에 대한 열정이 뜨거운 베타리더의 도움으로
출간되는 모든 IT 전문서에 사전 검증을 시행하고 있습니다.

지은이 · 옮긴이 소개 ─────────────────

지은이 **데이비드 머츠**David Mertz

머신러닝 및 과학 컴퓨팅 분야에서 개발자와 데이터 과학자를 교육하는 KDM Training의 창업자다. 아나콘다의 데이터 과학 훈련 프로그램을 만들었으며 고급 과정을 가르쳤다. 심층 신경망이 등장하면서 로봇 오버로드(지능을 갖춘 미래형 로봇)를 훈련시키는 쪽으로 분야를 옮겼다.

D.E. 쇼 리서치D.E. Shaw Research에서 8년간 일했으며, 6년간 파이썬 소프트웨어 재단의 이사를 역임했다. 현재 상표위원회와 Scientific Python Working Group의 공동 의장을 맡고 있다. 2000년대에 작성한 〈Charming Python(매력적인 파이썬)〉과 〈XML Matters(XML 문제)〉는 파이썬 분야에서 가장 많이 읽힌 글이다.

저서로 《데이터 과학 효율을 높이는 데이터 클리닉》(에이콘출판사), 《The Puzzling Quirks of Regular Expressions》, 《Text Processing in Python》 등이 있다.

옮긴이 **김모세** creatinov.kim@gmail.com

대학 졸업 후 소프트웨어 엔지니어, 소프트웨어 품질 엔지니어, 애자일 코치 등 다양한 부문에서 소프트웨어 개발에 참여했다. 재미있는 일, 나와 조직이 성장하고 성과를 내도록 돕는 일에 보람을 느껴 2019년부터 번역을 시작했다. 저서로《코드 품질 시각화의 정석》(지앤선)이 있고, 옮긴 책은《아트 오브 셸 원라이너 160제》(제이펍),《추천 시스템 입문》(한빛미디어),《타입스크립트, 리액트, Next.js로 배우는 실전 웹 애플리케이션 개발》(위키북스),《애자일 개발의 기술(2/e)》(에이콘출판사) 등 다수다.

시작하며 _____

유명한 철학자 자크 데리다Jacques Derrida의 《해체》(문예출판사, 1996)에는 다음과 같은 말이 있다.

> This (therefore) will not have been a book.
>
> 따라서 이것은 책이 아니었을 것이다.

필자는 프랑스인도, 유명한 철학자도 아니다. 따라서 책이라는 개념의 목표를 약간 낮추겠다. 여러분이 지금 보는 이것은 책이다. 여러분 중 70%는 컴퓨터의 디스크나 플래시메모리에 저장된 비트의 집합을 사용하고, 이는 크고 작은 화면에서 타이포그래피typography 및 레이아웃과 비슷한 형태로 렌더링되어 읽을 수 있게 된다. 나무로 만든 종이 위에 인쇄된 것이 우리가 익숙한 책의 형태이지만, 이 모든 형태를 현대적인 용어로 '책'이라고 표현한다.

이 책은 튜토리얼이 아니다(물론 부록에 포함하기는 했다). 참고 문헌도 아니며, 교육을 위한 가이드도 아니다. 대신 **정규표현식**regular expression 퍼즐을 풀면서 아이디어를 내고, 토론하며, 인간적이지 않은 AI의 모습을 만날 수 있도록 했다.

필자는 정규표현식에 대해 더 깊게 생각하도록 도울 것이다. 대부분의 프로그래머는 정규표현식을 사용해봤을 것이다. 정규표현식은 무한 굴레에 빠져 길을 잃게 만들기도 하지만, 최근 각광받는 AI 기반 코딩 어시스턴트에 대한 흥미로운 **불쾌한 골짜기**uncanny valley[1] 관점을 제공한다.

---

1 모리 마사히로(森政弘)가 1970년에 이름을 붙인 개념이다. 로봇이 인간과 유사해질수록 우리가 로봇에 느끼는 감정은 동료인 인간에게 느끼는 감정과 가까워지지만 아직 인간과 완전히 비슷하지 않다는 생각에 다다르면 두려움이나 혐오감으로 옮겨간다는 이론이다.

AI 기반 도구들이 만들어내는 결과는 매우 놀랍다. 하지만 동시에 수많은 실패를 보면서 매우 어리석다는 것도 이해해야 한다. 바로 이것이 이 책의 주요 목적이다. 정규표현식을 사용한 퍼즐들은 컴퓨터 프로그래밍의 모든 영역 중에서도 인공지능의 특이한 행동을 이해하기에 특히 적합하다.

먼저 생각한 후에 토론을 읽자

각 퍼즐에 관한 내용을 읽은 다음에는 잠시 해당 퍼즐에 대해 고민해보기 바란다. 고민 끝에 나온 방법을 적용해본 뒤 저자 생각과 AI 코딩 어시스턴트의 생각을 살펴보는 것을 추천한다.

감사의 글 ─────────────────────────────

이 책의 모티브가 된《The Puzzling Quirks of Regular Expressions(정규표현식의 수수께끼 같은 특징)》을 쓰도록 제안해준 친구 미키 테베카Miki Tebeka, 퍼즐에 대한 창의적인 아이디어를 제공해준 친구 브래드 헌팅Brad Huntting과 메리 앤 수신스키Mary Ann Sushinsky에게 감사를 전한다. 또한, 여러 차례 검토했지만 발견하지 못했던 오타들을 찾은 동료 루시 완Lucy Wan에게도 깊은 감사의 말을 전한다.

이 책에서 대형 언어 모델의 기술적 동작과 한계에 대해 설명하는 방법을 조언해준 티미 처치스Timmy Churches는 물론, 정규표현식을 가장 하위에 놓이도록 컴퓨팅 계층을 깔끔하게 배열해준 노엄 촘스키Noam Chomsky에게도 감사하다.

이 책을 더욱 완성도 높은 작품으로 만들어준 매닝 출판사와 편집자 앤디 윌드론Andy Waldron, 개발 편집자 이안 휴Ian Hugh, 제작 편집자 알렉산다르 라고슬라비에치Aleksandar Dragosavljević, 기술 교정자 진 보이야르스키Jeanne Boyarsky, 교정자 카티에 페티토Katie Petito, 타이포그래퍼 타마라 스벨리치 사블리에치Tamara Švelić Sabljić, 그리고 표지 디자이너 마리야 튜더Marija Tudor에게도 감사를 전한다.

이 책은 프로그래밍 경험이 어느 정도 있는 프로그래머를 대상으로 한다. 이 책의 아이디어를 들려줬을 때 검토했던 이들은 모든 프로그래머와 개발자의 업무에서 필수적으로 정규표현식을 사용한다고 힘주어 말했다. 프로그래밍 언어를 사용하는 프로그래머라면 당연히 정규표현식을 알 것이다. 따라서 필자가 제시하는 개념이 독자들에게 완전히 새로운 것은 아닐 것이다.

이 책에서 정규표현식 외의 코드를 표시할 때는 주로 파이썬Python 프로그래밍 언어를 사용한다. 특히 'AI 생각'을 제시하는 퍼즐에서는 깃허브 코파일럿GitHub Copilot이나 오픈AIOpenAI의 ChatGPT에 요청한 결과를 담았다. 집필 시점에는 해당 도구들이 'write a regular expression to do such-and-such(해당 작업을 수행하는 정규표현식을 작성하라)'는 요청을 거절했지만, 프롬프트 내용을 수정해 'write a Python program using regular expressions(정규표현식을 사용하는 파이썬 프로그램을 작성하라)'라고 요청하니 대체적으로 적절한 결과를 보여줬다.

필자는 20년 이상 파이썬 커뮤니티에서 다양한 활동을 했다. 그만큼 파이썬을 무척 좋아하지만 이 책에서 정규표현식을 감싸는 파이썬 언어는 부수적인 역할을 할 뿐이다. 다른 프로그래밍 언어를 사용하는 프로그래머도 변수명을 정의하고 함수를 만들 수 있으며, 꼭 필요한 경우에 정규표현식 동작을 if 문 등으로 감싸는 것과 같은 구성을 만들 수 있다. 이와 같은 간단한 구성은 여러분이 꾸준히 사용하는 모든 프로그래밍 언어와 매우 유사하다. 이 책에서 파이썬을 사용해도 내용을 이해하는 데 어렵지는 않을 것이다.

인터넷에는 정규표현식을 매우 쉽게 다룬 내용이 넘쳐난다. 파이썬 프로그래밍 언어의 공식 문서에도 좋은 튜토리얼이 포함됐다. 필자는 상당히 오랜 시간 많이 읽힌 문서 중 하나인 정규표현식 튜토리얼[2]을 작성했는데 이 책 마지막에 실린 부록의 기반이 됐다. 다시 한번 말하지만 이 책은 불필요한 튜토리얼이 절대 아니다.

대상 독자

이 책은 게임을 좋아하는 프로그래머들을 위해 썼다. 또한, 자신의 가정이나 가설에 대한 이해도를 높이고 다시 생각해보고자 하는 이들을 위해 썼다. 부록에 실은 튜토리얼을 읽는 것만으로도 정규표현식을 어느 정도 이해할 수 있지만, 책을 읽기 전에 먼저 책에서 활용할 도구를 이해하고 목적을 확실하게 하는 것이 정규표현식을 이해하는 데 많은 도움이 된다.

이 책은 AI 코딩 어시스턴트에 관한 흥미롭고 활발한 토론을 읽은, 그리고 이미 AI 코딩 어시스턴트를 사용하기 시작한 수백만 명의 소프트웨어 개발자들을 위한 것이다. AI 코딩 어시스턴트는 많은 기능을 보여주고 있으며, 미래에는 더 많이 활용하게 될 것이다. 하지만 기술이 발전해도 완전히 사라지지 않는 제한들도 있다. 코딩을 도와주는 도구를 사용하는 것은 좋은 일이다. 그리고 도구 범위와 제한 사항을 이해하는 것은 더 좋은 일이다.

이 책에서 사용한 도구

이 책의 정규표현식 예제에 사용된 파이썬 프로그래밍 언어는 무료 소프트웨어로, 파이썬 공식 사이트[3]에서 다운로드할 수 있다. 다양한 업체가 동일한 핵심 프로그래밍 언어에 기능을 추가하거나 다른 기능을 추가한 사용자 정의 파이썬 배포판을 제공한다. 여기에는 많은 운영체제 벤더vendor(대부분의 리눅스 배포판 및 macOS, 윈도우에서 사용 가능)가 포함된다.

코파일럿은 이 책에서 다루는 첫 번째 AI 코딩 어시스턴트이며, 깃허브에서 다운로드할 수 있다.[4] 집필 시점에는 유료 구독 서비스였으며, 무료 평가 기간이 있다. 코파일럿을 사용하려면 깃

---

2   https://gnosis.cx/publish/programming/regular_expressions.html
3   https://www.python.org/downloads/
4   https://github.com/features/copilot

허브 계정이 필요한데, 독립적인 실행형 도구가 아니라 프로그래밍 에디터와 통합되어 있다. 코파일럿을 마이크로소프트 비주얼 스튜디오Microsoft Visual Studio, 비주얼 스튜디오 코드Visual Studio Code, VS Code, 네오빔Neovim 및 젯브레인스 IDEJetBrains IDE에 통합하는 방법은 앞서 언급한 깃허브 URL에 포함되어 있다. 이맥스Emacs 및 서브라임 텍스트Sublime Text 같은 다른 편집기와 코파일럿을 통합하는 메커니즘도 서드파티third party를 통해 제공된다. 코파일럿에 가입한 깃허브 사용자는 깃허브 코드스페이스GitHub Codespaces에서 웹 브라우저를 통해 제공되는 VS Code 환경을 사용할 수도 있다.[5]

ChatGPT는 이 책에서 다루는 두 번째 AI 코딩 어시스턴트다. 현재 오픈AI는 ChatGPT를 무료로 사용할 수 있도록 했으며,[6] 무료 기간이 종료되면 유료 구독 서비스를 제공할 가능성이 가장 높다.[7] ChatGPT 인터페이스는 인간인 친구나 동료와 대화할 때 사용하는 채팅 애플리케이션 같은 웹 페이지로 이루어진다. ChatGPT와는 다른 방식으로 API를 사용해 통신하는 다른 메커니즘도 서드파티를 통해 제공된다.

코파일럿이나 ChatGPT와 거의 유사한 동작을 하는 AI 코딩 어시스턴트를 제공하는 기업과 오픈소스 프로젝트도 있다. 탭나인Tabnine,[8] K-익스플로러K-Explorer,[9] 코드긱스CodeGeex[10] 등이 있다. 앞으로도 AI 코딩 어시스턴트와 오픈소스는 계속해서 늘어날 것이다.

---

5   https://github.com/features/codespaces
6   https://chat.openai.com/chat
7   [옮긴이] 2023년 4월 기준으로 20달러의 월 정액 구독 서비스를 제공한다.
8   https://www.tabnine.com/getting-started
9   https://k-explorer.com
10 https://github.com/THUDM/CodeGeeX

표지에 대하여 _____

책 표지에 실린 그림은 〈A Prize Fight(권투 시합)〉라는 제목이 붙어 있다. 이 삽화는 1821년 출간된 헨리 토머스 앨켄Henry Thomas Alken의 화집인 《National Sports of Great Britain(영국의 국민 스포츠)》에서 가져온 것이다. 연어 낚시에서 올빼미 탐조까지 19세기 영국의 인기 스포츠를 그림으로 수록하고 있으며, 앨켄의 가장 야심 찬 작품으로 인정받고 있다.

매닝 출판사는 몇 세기 전 여러 지역의 다채로운 생활상을 보여주는 이러한 그림을 표지에 실어 IT 업계의 독창성과 진취성을 기리고자 한다.

1

이 책이 다루는
범위

CHAPTER 1

*The map
and the territory*

이 책은 완전히 다른 두 가지 요소를 조합했는데, 모두 매우 신선하게 느껴질 것이다. 한 가지는 퍼즐 책으로, 튜토리얼이나 참고서가 아닌 좀 더 '엉뚱하고' '재미있는' 책이 되도록 구성했다. 필자가 선택한 퍼즐들을 통해 정규표현식을 사용하는 이들(초보자는 물론 숙련자도)이 무엇이 가능하고 불가능한지, 무엇을 해야 하고 하지 말아야 하는지 생각할 수 있도록 도울 것이다. 다른 한 가지는 교육적인 측면이다. 퍼즐을 푸는 과정을 통해 다른 방식으로 그리고 더 생산적으로 생각하게 될 것이다(적어도 필자처럼 퍼즐 해결 방법을 고민한다면 말이다).

하지만 이것은 한쪽 손에 불과하다. 많은 사람이 두 번째 손을 가졌지만[1] 세 번째 손은 없다. 몇 년 전 혹은 몇 달 전부터 컴퓨터 프로그래머의 마음속에 세 번째 손이 생겼다. 바로 **AI 코딩 어시스턴트**AI coding assistant다. AI 코딩 어시스턴트 소프트웨어들은 인간을 대신해 프로그래밍 코드를 작성할 수 있다. 때로는 우리를 놀라게 하고 때로는 어설프게 느껴진다. 필자는 이 책에서 다룰 도구로 현재 가장 인기 있는 **코파일럿**Copilot과 **ChatGPT**를 선택했다. 이 책에서 논의하는 내용은 앞으로 등장할 다양한 도구에도 매우 유용하게 적용할 수 있을 것이다.

AI 코딩 어시스턴트(수많은 책과 글, 기사에서 다양한 이름으로 불린다)는 소프트웨어 개발자가 코드를 작성할 때 도움을 준다. 개발자가 함수, 클래스, 구조 또는 모듈이 수행해야 하는 작업을 설명하는 주석comment을 작성하면 AI 코딩 어시스턴트는 해당 목표를 달성하는 코드를 작성하는 방식으로 동작한다. 특정 목적에 특화된 코드 모음(해당 기능의 나머지 부분과 텍스트상 인접한 위치에 있는)을 기능 단위unit of functionality라고 한다.

주석 또는 프롬프트prompt는 일부 도메인에 특화된 언어가 아닌 자연어(이 책의 경우 영어)natural language로 작성할 수 있다. AI 코딩 어시스턴트를 위한 좋은 주석은 미래에 해당 코드로 작업할 인간 프로그래머가 볼 때도 좋은 주석이어야 한다. AI 코딩 어시스턴트는 인간 개발자가 코드의 일부를 작성하면 AI가 누락 부분을 채우는 방식으로 작동한다. 그리고 작동하는 코드를 가져와 인간이 미처 작성하지 못한 해당 기능 단위의 목적을 설명하는 문서를 일정 부분 제공한다.

집필 시점을 기준으로 AI 코딩 어시스턴트는 개발한 조직 또는 기업이 유지하고 통제하는 원격 서버에 위치한 굉장히 큰 신경망이다. 이런 AI를 구동하는 엔진은 모델 크기가 크며 모델이

---

1 〔옮긴이〕 'on the one hand… on the other hand…', 즉 '한편으로는 …, 다른 한편으로는 …'을 염두에 둔 말장난이기도 하다.

어떻게 학습하는지에 대한 고유하고 비밀스러운 세부 정보를 갖고 있다. 또한, 강제하고자 하는 라이선스 및 구독 조건, 효율적인 기능 수행을 위해 필요한 컴퓨팅 파워 및 특수한 하드웨어 등의 이유로 개발자의 로컬 워크스테이션에 위치하지 않는다. AI 코딩 어시스턴트는 프로그래밍 에디터, 웹 페이지 또는 기타 인터페이스로 인터넷을 통해 서버에 요청을 보내고 플러그인으로 응답을 해 로컬 인터페이스와 통합한다. 즉 AI 코딩 어시스턴트를 사용하려면 (앞서 설명한 라이선스와 함께) 인터넷에 연결되어 있어야 한다.

 정규표현식에 관해

정규표현식regular expression은 종종 재미있게 **regexen**나 더 중립적인 **regex**로 표현되며, 텍스트 패턴을 설명하는 강력하고 간결한 방법이다.[2]

이 책의 부록에 정규표현식을 사용하는 도구를 이제 막 활용하기 시작해 익숙하지 않은 사용자와 프로그래머를 위한 간단한 튜토리얼을 수록했다. 예전에 정규표현식을 사용했지만 상세한 내용은 기억나지 않는 사용자도 부록을 보면 다시 관련 내용을 떠올릴 수 있을 것이다.

하지만 튜토리얼을 끝냈다고 해서 정규표현식을 최대한 잘 활용하는 전문가가 되지는 않는다. 전문가가 되려면 튜토리얼과 다양한 예제를 조합해 연습하는 것이 좋다. 정규표현식의 개념은 매우 간단하고 강력하지만 적용하려면 상당한 노력이 필요하다.

정규표현식의 설명이 끝나면 본격적으로 정규표현식 퍼즐을 시작하겠다. 이때 정규표현식을 사용하다 보면 단점 하나를 발견할 수 있다. 분명히 매치할 것 같은 패턴이 의도한 것과는 다른 것과 매치한다는 점이다. 혹은 매치 패턴이 비정상적인 동작을 하면서 상당한 시간을 빼앗을 수도 있다. 때로는 간결한 패턴이 매치하고자 하는 내용을 좀 더 명확하게 설명하기도 한다.

문법에 사소한 차이가 있지만 많은 프로그래밍 언어, 라이브러리 및 도구 들이 정규표현식을 지원한다. 정규표현식을 지원하는 소프트웨어는 grep, sed, AWK, 펄Perl, 자바Java, 닷넷.NET, 자

2　올긴이 원서에서는 regexen(regex+en, regex의 복수)과 regex를 별도로 사용하나 이 책에서는 모두 '정규표현식'이라고 표기했다.

바스크립트JavaScript, 줄리아Julia, Go, 러스트Rust, XML 스키마XML schema 등이 있으며 다른 프로그래밍 언어들도 라이브러리를 통해 정규표현식을 지원한다.

이 책에서는 퍼즐을 제시할 때 파이썬을 활용하며, 표준 라이브러리 모듈인 re를 사용한다. 퍼즐과 설명에서는 코드 샘플을 사용하기도 하며, 출력을 표시할 때는 >>> 혹은 ...로 시작한다. 출력은 프롬프트 없이 표시하며, 코드가 실행되지 않을 수 있는 함수를 정의하는 경우에는 순수한 코드만 표시한다.

이 책을 읽는 동안 파이썬을 활용하자. 파이썬 REPLread-evaluate-print loop 자체, IPython의 향상된 REPL, 주피터 노트북, 파이썬과 함께 제공되는 IDLE 편집기, 혹은 대부분의 모던 코드 편집기와 통합 개발 환경integrated development environment, IDE 등을 사용할 수 있다. 온라인 정규표현식 테스터를 사용해도 되지만 파이썬 호출에 관한 세부 정보를 잡아내지 못한다. 또한, 각 퍼즐 설명이 곧바로 이어지지만 설명을 읽기 전에 스스로 코드를 작성해보자.

02 프로그래밍 기계의 등장

AI 코딩 어시스턴트를 사용하고자 **심층 신경망**deep neural network, DNN의 복잡한 수학 및 디자인을 이해하거나 책을 읽을 필요는 없다. 머신러닝은 복잡한 주제이며 두꺼운 분량의 책도 많지만, 머신러닝에 관심이 있는 독자를 위해 구체적인 동작 방법과 앞으로 머신러닝은 어떻게 동작할지에 대한 몇 가지(아주 조금) 힌트를 제공하겠다.

대형 언어 모델large language model, LLM이 등장하면서 코드 및 문서를 제안하는 코딩 도구들의 능력은 2023년 1월 기준으로 매우 눈부시게 발전했다. 필자는 2019년에 탭나인Tabnine이라는 시스템을 처음 사용해봤다. 그리고 2021년이 되면서 더 세련된 도구인 깃허브 코파일럿GitHub Copilot이 등장했고 더 널리 사용하게 되었다. 또한, 2022년이 끝나 갈 때쯤에는 오픈AIOpenAI에서 ChatGPT를 출시했으며, 이 글을 쓰는 시점에는 오픈소스인 PaLM+rlhf-pytorch가 출시되었다. 앞으로도 유사한 제품과 프로젝트가 향후 몇 개월 혹은 몇 년 동안 계속해서 출시될 것이고, 앞서 언급한 제품들은 핵심 기술을 변경하거나 리브랜딩할 가능성이 높다.

대부분 도구가 GPT-n, 즉 오픈AI의 **생성형 사전 훈련 트랜스포머**generative pre-trained transformer 시리즈에 기반을 둔다. GPT는 수십억 개의 텍스트를 학습하고 수백억 개의 계수(연결 가중치)를 사용해 '인간 같은' 응답을 생성한다. 특히 AI 코딩 어시스턴트는 인간을 통한 강화 학습, 대량의 프로그래밍 언어 코드를 사용한 LLM의 미세한 조정 작업 등으로 특화되고 조정된다.[3]

지금의 AI 코딩 어시스턴트는 2017년 학술 논문에서 설명한 **트랜스포머 딥 뉴럴 네트워크** transformer deep neural network에 기술적 기반을 둔 것으로 보인다.[4] 이 책에서는 새로운 AI 기술이 다른 기술을 사용할지 예측하지는 않지만 앞으로 등장할 기계가 기존 기계보다 끊임없이 개선될 것이라고 확신한다.

정규표현식은 이 책이 다룰 흥미로운 과제를 AI 코딩 어시스턴트에 제공한다. 다른 프로그래밍 코드보다 매우 간결하고 밀집된 표현인 정규표현식에 내포된 **상태 기계**state machine의 매우 미묘한 차이는 정규표현식 기능을 극적으로 바꿀 수 있고, 문자를 하나만 바꾸어도 문법적으로 유효한 정규표현식을 생성할 수 있다. 그러나 어떤 맥락에서는 유용하게 사용할 수 있으나 정확히 목적에 부합하지 않을 수 있다는 점을 염두하자.

> **토큰화 전략**
>
> 이 책에서 다루는 실패 사례 중 (많은) 일부는 GPT-3.5에서 사용하는 **토큰화 전략**(tokenization strategy)이 반영되었다. 구체적으로는 (아마도) **바이트 페어 인코딩**(byte pair encoding, BPE)[5]의 변형으로, 단일 문자 전이보다는 단어 뿌리 또는 전체 단어로 구성된 사전을 만드는 효과가 있다. 일반적인 목적이라면 사람들이 원하는 기능이다. 그러나 정규표현식과 같은 밀도 높은 문자 기반 인코딩(APL, J, K, A+, Q 등)과 많은 **난해한 프로그래밍 언어**(esoteric programming language, esolang)[6]에서는 토큰화 전략이 AI 코딩 어시스턴트의 효과를 저해한다. 이런 한계는 GPT-4 기반의 LLM이 해결할 수 있을 것으로 본다.
>
> 이 책의 퍼즐들은 정밀한 종류의 함정이다. 동작할 것처럼 보이는 접근 방식이 세심하게 이해해야 하는 정규표현식의 **에지 케이스**(edge case)에서 실패한다. 우리는 어디에서 인공지능이 이 미세한 것을 포착할 수 있고 어디에서 실패하는지 확인할 것이다.

---

3   〔옮긴이〕 2023년 3월에 GPT-4가 출시되었다.
4   arXiv:1706.03762. "Attention Is All You Need" by Ashish Vaswani, Noam Shazeer, Niki Parmar, Jakob Uszkoreit, Llion Jones, Aidan N. Gomez, Lukasz Kaiser, Illia Polosukhin. 12 Jun 2017.
5   https://en.wikipedia.org/wiki/Byte_pair_encoding
6   https://ko.wikipedia.org/wiki/난해한_프로그래밍_언어

주의 사항

The future is already here—it's just not evenly distributed.

미래는 이미 여기에 존재한다. 다만 고르게 분포되지 않았을 뿐이다.[7]

필자가 제시하는 **로봇 정규표현식**을 다룰 때 주의할 점이 세 가지 있다.

첫째, 이 글을 쓴 시점에도 기계들은 지속적으로 학습하고 개선되고 있다는 점이다. 해당 기술을 개발한 회사들은 계속해서 AI 코딩 어시스턴트를 재학습시키고 개선하고 있다.

둘째, 필자가 꽤 괜찮은 AI 응답이 나올 수 있는 최적의 프롬프트를 생각하지 못할 수 있다는 점이다. 글을 쓰면서 다양한 방식으로 프롬프트를 구성했지만 가능한 프롬프트를 모두 시도해보지는 못했다. AI 생성 결과는 프롬프트 구성 방식이 조금만 변경되어도 상당 부분 달라질 수 있다.

마지막으로 셋째, AI 코딩 어시스턴트들은 콘텍스트에 민감하다는 점이다. 코드 파일이 이미 관련 기능을 포함하거나 변수명과 함수명이 이미 정의되어 있다면 AI는 결과를 수정한다. 또한, ChatGPT의 이전 프롬프트 응답은 이후의 응답에 영향을 미친다(가끔은 섬세한 변화, 가끔은 극명한 변화가 있을 수 있다).

AI 코딩 어시스턴트에 제안해 응답을 받았을 때 AI가 제안한 `import re`나 변수명 같은 **보일러플레이트 코드**boilerplate code는 생략하겠다. 개발자일 때는 보일러플레이트 코드가 유용하지만 'AI가 올바른 정규표현식을 찾는 능력'을 평가할 때는 중요하지 않다. 그리고 책의 지면에 맞춰 많은 코드를 수정했으나 AI의 제안에서 문법적인 변경만 했을 뿐이며 의미론적인 변경은 절대로 없다는 것을 밝힌다.

AI 코딩 어시스턴트로 코파일럿을 선택했을 때는 따로 언급하지 않은 한 코드에 있는 모든 주석은 필자가 했으며, 주석 뒤에 오는 함수 본문(또는 가공되지 않은 정규표현식)은 코파일럿이 생성했다. 만약 AI 코드 완성을 제공하지 않는 코드 에디터(메서드 정의 탐색 등)에 익숙하다면 이런 유형의 자동 완성이 매우 친숙하고 편리할 것이다.

---

7   2003년 12월 4일, '사이버펑크'로 유명한 SF 작가인 윌리엄 깁슨(William Gibson)이 시사주간지 《The Economist(이코노미스트)》와의 인터뷰에서 한 말이다.

(03) 의도적인 소프트웨어 개발

철학자 힐러리 퍼트넘Hilary Putnam은 의도성intentionality에 관한 유명한 이야기를 했다.

> An ant is crawling on a patch of sand. As it crawls, it traces a line in the sand. By pure chance the line that it traces curves and recrosses itself in such a way that it ends up looking like a recognizable caricature of Winston Churchill. Has the ant traced a picture of Winston Churchill, a picture that depicts Churchill?
>
> 개미가 기어가면서 모래 위에 선을 그리고 있다. 그려진 선은 우연히 곡선을 만들고 서로 가로지르면서 그 유명한 윈스턴 처칠처럼 보이는 캐리커처 같은 것을 만들어냈다. 그렇다면 개미는 윈스턴 처칠을 묘사한 그림을 추적한 것인가?

이 책을 읽는 동안 퍼트넘의 질문을 곰곰이 생각하자. 필자가 앞서 언급한 양쪽 '손'과 관련 있다.

정규표현식은 종종 혼란스러운 뉘앙스 때문에 올바른 것을 잘못된 이유와 매치하곤 한다. '종종'이라는 표현은 그런 경우가 결코 적지 않다는 의미다. 정규표현식은 프로그래머의 고유한 기술은 아니다. 직접적으로 조합할 수 있는 레시피, 즉 '이것을 한 후에 저것을 한다'는 지시만으로 이루어지지 않는다는 점에서 다소 특별하다. 물론 파서 문법parser grammar도 유사할 수는 있으나 프로그래머에게는 많이 알려지지 않은 문법이다. 순수 함수형 언어도 이런 '비호환적 구성' 특성을 가졌지만 절차적 프로그래밍procedural programming과 객체 지향 프로그래밍object-oriented programming, OOP 언어만큼 널리 사용되지는 않는다.

정규표현식은 작은 부분 사이에서 꽤 귀찮은 종속 구조를 갖기 때문에 AI 코딩 어시스턴트가 단위 기능을 생산적으로(그리고 정확하게) 생성하는 것은 큰 도전 과제다. 이 책은 여러 줄에 걸쳐 작성되는 함수 정의가 아닌 한 줄로 작성되는 단일한 정규표현식에 주목한다. AI 의도를 이해하는 것은 인간 프로그래머의 명확하지 않은 의도와 얽혀 있으며, 특히 AI 코딩 어시스턴트의 활용성과 한계를 이해하는 데 매우 유용한 시각을 제공한다.

이 책을 통해 AI 코딩 어시스턴트가 정확히 무엇을 할 수 있는지, 그리고 AI 코딩 어시스턴트가 잘못 이해하는 경우는 언제인지 알아본다. 초기 퍼즐과 '저자 생각' 뒤에 'AI 생각'을 배치해 쉽게 이해할 수 있도록 도울 것이다.

이 책을 읽는 방법

작가는 독자가 책을 구입한 후에는 어떻게 사용하고 이해하는지 통제할 수 없으며 그래서도 안 된다. 그러나 필자는 다음과 같은 방식으로 퍼즐들을 다루기를 권한다.

- 정규표현식으로 작업하는 퍼즐 설명을 읽는다. 어떻게 해결할지 신중하게 생각한 후 선호하는 코딩 환경(파이썬 셸이 좋은 선택일 것이다)에서 가능한 대답을 시도해보라.
- '저자 생각'과 비교해보라. 필자가 발견한 것을 여러분이 놓쳤을 수도 있다. 아니면 필자가 놓쳤을 수도 있다. 필자의 생각이 정규표현식의 특정한 복잡성을 설명하는 데 도움이 되길 바란다.
- 퍼즐과 접근 방식을 훌륭하게 이해한 것을 바탕으로 'AI 생각'을 살펴보라. 'AI 생각'에서는 AI 코딩 어시스턴트가 성공하는 부분과 실패하는 부분을 설명한다. 해당 도구(ChatGPT, 코파일럿 또는 다른 도구)에 접근할 수 있다면 필자보다 더 좋은 대답을 얻도록 직접 프롬프트와 주석을 시도해보라.

이 책의 퍼즐은 뒤로 갈수록 난도가 높아진다. 후반에 등장하는 퍼즐은 더욱 많은 정규표현식 기능이 필요하며, 이에 앞서 퍼즐을 진행하는 데 에지 케이스의 뉘앙스를 이해하는 것이 더 중요하다. 이 밖에도 유사한 주제의 연속적인 시퀀스가 있고 조금씩 더 어렵게 변형된다.

'AI 생각'에서는 다양한 교훈을 얻을 수 있다. AI가 제시한 해결책의 장단점만 중요 교훈으로 삼지 않고 부분적인 성공이나 실패에서 여러 가지 교훈을 고찰할 것이다. AI 코딩 어시스턴트가 쉬운 퍼즐은 실패하고 어려운 퍼즐은 성공할 수도 있다. 그러나 매우 광범위하게 보면 퍼즐에 미묘한 변화를 주면 AI는 점점 나쁜 결과를 내게 된다. 깜짝 놀랄 만한 새로운 사실은 아니지만 특정한 실패가 해당 도구들을 사용할 개발자에게 도움이 되기를 바란다.

2

수량자와
특별한 하위 패턴들

CHAPTER 2

Quantifiers
and special sub-patterns

2장에서 나오는 퍼즐을 해결하려면 정규표현식에서 제공하는 다양한 **수량자**quantifier를 올바르게 이해해야 하며, **하위 패턴**subpattern을 사용할 때 주의해야 한다. 수량자 또는 와일드카드 문제에서 이해되지 않는 부분이 있다면 부록을 읽어보길 바란다.

이 책은 정규표현식의 간단한 기능부터 복잡한 기능까지 다루며 진행한다. 수량자를 사용하는 것은 정규표현식이라는 작은 언어 안의 가장 기본적인 기능 중 하나이므로 이번 장에서는 수량자 사용에 의존하는 퍼즐로 시작한다. 이어지는 장에서는 이번 장의 퍼즐을 기반으로 내용을 추가한다.

 ## 와일드카드 스코프

x로 시작하고 y로 끝나는 모든 단어를 매치하라

파이썬 정규표현식 구문 중 강력한 요소는 탐욕적greedy 또는 비탐욕적non-greedy 매치를 생성하는 옵션이다. 탐욕적 요소는 가능한 많이 일치시키며 패턴의 뒷부분을 찾을 수 있을 때까지 매치시킨다. 비탐욕적 요소는 패턴의 다음 부분에 도달하기 위해 가능한 최소한으로 매치시킨다.

다음 두 개의 정규표현식이 있다고 가정하자.

```
pat1 = re.compile(r'x.*y')   ◀── 탐욕적 수량자
pat2 = re.compile(r'x.*?y')  ◀── 비탐욕적 수량자
```

다음은 여러분이 매치하고자 하는 텍스트 블록이다. x로 시작하는 단어만 가진 로렘 입숨lorem ipsum, lipsum[8]과 같은 것이라 생각하자.

```
txt = """
xenarthral xerically xenomorphically xebec xenomania
xenogenic xenogeny xenophobically xenon xenomenia
```

---

8 [옮긴이] 립숨이라고도 한다. 출판이나 그래픽 디자인 분야에서 폰트, 타이포그래피, 레이아웃 같은 그래픽 요소나 시각적 연출을 보여줄 때 사용하는 표준 채우기 텍스트다. 출처: https://ko.wikipedia.org/wiki/로렘_입숨

```
xylotomy xenogenies xenografts xeroxing xenons xanthous
xenoglossy xanthopterins xenoglossy xeroxed xenophoby
xenoglossies xanthoxyls xenoglossias xenomorphically
xeroxes xanthopterin xebecs xenodochiums xenodochium
xylopyrography xanthopterines xerochasy xenium xenic
"""
```

x로 시작해서 y로 끝나는 모든 단어만 매치하고 싶다면 어떤 패턴을 사용하고 싶은가? 그렇게 생각하는 이유는 무엇인가? 해당 단어를 찾는 코드는 다음과 같다.

```
xy_words = re.findall(pat, txt)
```

💬 저자생각) 각 패턴은 무엇과 매치하는가?

혹시 이 퍼즐에 속았는가? 그렇다면 정규표현식의 세계에 온 것을 환영한다! pat1과 pat2 모두 다른 방식으로 잘못된 대상과 매치시킨다.

pat1이 마음에 들었다면 여러분은 탐욕스럽게 너무 많은 것을 매치한 것이다. y는 다음 단어에서 등장하며(행당) 매치는 한 라인의 마지막에 y가 나올 때까지 끝나지 않는다.

```
>>> for match in re.findall(pat1, txt):
...     print(match)

xenarthral xerically xenomorphically
xenogenic xenogeny xenophobically
xylotomy
xenoglossy xanthopterins xenoglossy xeroxed xenophoby
xenoglossies xanthoxyls xenoglossias xenomorphically
xylopyrography xanthopterines xerochasy
```

각 행에서 탐욕적 패턴은 첫 번째 x에서 시작하며, 원하는 것이 아닌 경우가 많다. 또한, 대부분 행은 여러 단어가 일치하지만 xylotomy만 우리가 원하는 고립된 단어다. xeroxes로 시작하는 행은 전혀 매치하지 않으며 이 역시 우리가 원하는 것이다.

pat2가 마음에 들었다면 대부분 단어를 얻지만 때로는 너무 많이 또는 너무 적게 매치하는 경우가 많다. 예를 들어 xy가 접두사prefix 또는 중간에 있는 긴 단어에 포함된 경우에도 매치될 수 있다.

```
>>> for match in re.findall(pat2, txt):
...     print(match)

xenarthral xerically
xenomorphically
xenogenic xenogeny
xenophobically
xy
xenoglossy
xanthopterins xenoglossy
xeroxed xenophoby
xenoglossies xanthoxy
xenoglossias xenomorphically
xy
xanthopterines xerochasy
```

비탐욕적 방식에서는 첫 번째 y를 만나면 일치를 중지하지만 여전히 원하는 결과와는 다르다. 이 작업에서는 **단어 경계**word boundary에 집중해야 한다. 소문자 외의 문자는 매치 대상이 될 수 없다. 이 퍼즐처럼 간단한 경우에는 비문자non-letter가 모두 공백과 줄 바꿈 문자이지만, 다른 텍스트에서는 다른 문자가 존재할 수도 있다.

탐욕적 방식으로 접두사와 접사infix가 매치되는 것을 방지할 수 있지만 동시에 비문자 문자도 무시해야 한다.

```
>>> pat3 = re.compile(r'x[a-z]*y')
>>> for match in re.findall(pat3, txt):
...     print(match)
```

```
xerically
xenomorphically
xenogeny
xenophobically
xylotomy
xenoglossy
xenoglossy
xenophoby
xanthoxy
xenomorphically
xylopyrography
xerochasy
```

모든 행에서 우리가 매치한 것은 하나의 x, 그 뒤에 다른 문자들(x와 y를 포함할 수도 있다), y를 하나만 가진 단어다. 매치된 다음에 오는 것은 모두 비문자 문자다.

pat3 버전에서는 큰 어휘가 주어지면 여전히 오류가 발생한다. 예를 들어 필자의 컴퓨터에서 자주 사용하는 26만 7752개의 SOWPODS[9] 영어 단어 목록에서만 본다면 패턴이 우연히 매치됐다는 사실을 알 수 있다(이번 예제에서 유닉스Unix 기법을 사용한 것에 대해 양해를 구한다).

```
% egrep '^x[a-z]*y' sowpods | tr '\n' ' ' | fold -w 72 -s
xenogamy xenogeny xenoglossy xenomorphically xenophobically xenophoby
xerically xerochasy xerographically xerography xerophagy xerophily
xerophytically xeroradiography xylography xylology xylopyrography xylotomy
xylotypography
```

그러나 다른 단어가 있으면 잘못된 결과가 나올 수 있다.

```
>>> txt = "breathiness xenogeny randed xyxyblah xylotomy"
>>> re.findall(pat3, txt)
['xenogeny', 'xyxy', 'xylotomy']
```

접두사 xyxy는 완전한 단어가 아니며, 이 문제는 다음에 나올 두 개의 퍼즐에서 다루겠다.

---

9 https://en.wikipedia.org/wiki/Collins_Scrabble_Words

AI 코딩 어시스턴트는 초급 프로그래머가 작성한 것 같은 다소 부족한 해결책을 생성하기도 한다. 예를 들어 다음과 같이 프롬프트를 작성했다.

> Find all and only **words** that start with x and end with y.
>
> (x로 시작하고 y로 끝나는 모든 단어를 찾아라.)

코파일럿은 다음과 같은 결과물을 생성했다.

```
pattern = r'x\w*y'
```

\w 클래스 문자는 [a-zA-Z0-9_]와 동일하다. 너무 많은 것을 포함하지만 방향은 옳다. 필자는 단어에 숫자나 언더스코어(_)가 포함되지 않는다고 생각하지만, 변수명은 숫자나 언더스코어 등을 포함할 수 있는 '단어'다. 그렇기 때문에 나쁘지 않은 결과다.

여기에 프롬프트를 수정하여 어휘 목록의 단어가 모두 소문자라는 사실을 알려주면 파이썬 호출 코드를 더 생성한다. 흥미로운 점은 AI가 명시적 단어 경계 기호를 사용하는 필자의 솔루션보다 더 견고한 패턴을 생성한다는 것이다.

> Find all and only **lowercase words** that start with x and end with y.
>
> (x로 시작하고 y로 끝나는 소문자 단어만 찾아라.)

코파일럿은 다음과 같은 코드를 생성한다.

```
pattern = re.compile(r"\b[x][a-z]*[y]\b")
matches = pattern.finditer(txt)
for match in matches:
    print(match)
```

각 [x] 및 [y]에 대한 문자 클래스를 사용하는 것은 추가적인 **노이즈**noise일 뿐이다. 실제로 출력하려는 것은 match 자체가 아니라 match.group()이다. 하지만 .finditer()는 단어 목록이 매우 길 경우 필자가 작성한 .findall()보다 더 잘 작동한다.

단어와 시퀀스

일부 단어들이 x로 시작하지 않더라도 매치하라

퍼즐 1에서는 x로 시작하여 y로 끝나는 단어를 식별했다. 다만 퍼즐 1에서는 모든 단어가 x로 시작한다는 가정에서 시작했기 때문에 여러분이 구현한 해결책은 퍼즐 1에서 실패하지 않는다. 하지만 알다시피 모든 단어가 x로 시작하지는 않는다. 예를 들어 앞서 만든 정규표현식을 다음 텍스트에 적용해보자.

```
>>> txt = """
expurgatory xylometer xenotime xenomorphically exquisitely
xylology xiphosurans xenophile oxytocin xylogen
xeriscapes xerochasy inexplicably exabyte inexpressibly
extremity xiphophyllous xylographic complexly vexillology
xanthenes xylenol xylol xylenes coextensively
"""
>>> pat3 = re.compile(r'x[a-z]*y')
>>> re.findall(pat3, txt)
['xpurgatory', 'xy', 'xenomorphically', 'xquisitely',
 'xylology', 'xy', 'xy', 'xerochasy', 'xplicably', 'xaby',
 'xpressibly', 'xtremity', 'xiphophy', 'xy', 'xly',
 'xillology', 'xy', 'xy', 'xy', 'xtensively']
```

결과에서 볼 수 있듯이 전체 단어뿐만 아니라 단어 내에 있는 부분 문자열도 매치시킨다. 그렇다면 x로 시작해 y로 끝나는 온전한 단어만 매치하려면 어떤 패턴을 사용해야 할까?

무엇이 단어 경계를 결정하는지 생각하라

몇 가지 방법이 있다. 가장 쉬운 방법은 명시적인 단어 경계에 특화된 **제로 너비 매치**zero-width match 패턴을 사용하는 것이다. 파이썬과 다른 많은 정규표현식 엔진에서는 제로 너비 매치 패턴을 목적으로 \b를 사용한다.

```
>>> pat4 = re.compile(r'\bx[a-z]*y\b')
>>> re.findall(pat4, txt)
['xenomorphically', 'xylology', 'xerochasy']
```

조금 쉬운 방법 중 하나는 **전방 탐색**lookahead과 **후방 탐색**lookbehind을 사용하여 실제로 매치하는 부분을 둘러싼 매치하지 않는 문자들을 찾는 것이다. 예를 들어 다음과 같다(단어들은 시작하는 x와 끝나는 y 사이에 적어도 하나 이상의 문자를 갖는다고 가정한다).

```
>>> pat5 = r'(?<=^|(?<=[^a-z]))x[a-z]+y(?=$|[^a-z])'
>>> re.findall(pat5, txt)
['xenomorphically', 'xylology', 'xerochasy']
```

한 가지 트릭이 있다면 **후방 탐색 어서션**lookbehind assertion을 수행할 때 항상 동일한 길이의 문자열을 매치해야 한다는 점이다. 하지만 우리가 찾고자 하는 리스트의 단어는 줄의 시작 부분이나 다른 단어 뒤 공백 다음에 올 수도 있다. 따라서 길이가 0인 후방 탐색과 비문자 하나인 후방 탐색을 모두 처리할 수 있는 방법을 만들어야 한다. 전방 탐색 요소는 행의 끝($) 또는 비문자([^a-z])라는 점을 명시하는 것으로 충분하다.

트랜스포머

이전 퍼즐과 매우 유사한 퍼즐이며 코파일럿 역시 유사하게 동작한다. 이는 AI 코딩 어시스턴트가 어떤 선택을 하도록 만드는 변형 요소가 인간 프로그래머에게 동기를 부여하는 것과 매우 다르다는 사실을 보여주기도 한다.

이번에는 변수 txt에 정의된 다른 단어 목록을 사용하여 프롬프트를 제공했다.

Find all words that start with 'x' and end with 'y'.

('x'로 시작하고 'y'로 끝나는 모든 단어를 찾아라.)

비슷한 응답을 얻지만 이전에 사용한 것보다는 조금 더 나은 답변을 받는다. x와 y를 작은 따옴표로 감싼 코드 주석에 주목하자. 자세하게 기술하지는 않았지만 코파일럿은 필자가 시도하고자 하는 콘텍스트를 명확하게 파악하고 요청을 스스로 개선했다.

```
# Find all words that start with 'x' and end with 'y'.
# ('x'로 시작하고 'y'로 끝나는 모든 단어를 찾아라.)
pattern = r'\bx\w*y\b'
print(re.findall(pattern, txt, re.I))
```

코파일럿의 답변을 보면 \w 문자 클래스를 너무 폭넓게 사용했을 때와 같은 단점이 있지만 단어 경계를 잘 사용했다. 하지만 필자는 코파일럿이 작성한 것처럼 re.I(대소문자 무시)를 추가해야 할 이유를 찾지 못했다. 물론 추가해도 문제는 없다. 또한, 코파일럿이 finditer()에서 필자가 사용한 .findall()을 반환한 이유와 불필요한 단일 값 문자 클래스를 삭제한 이유도 이해하지 못했다.

소문자 단어 리스트에 존재해야 하는 문자들이 무엇인지 알아보기 위해 주석을 수정했다. 그리 이상적인 결과는 얻지 못했다.

```
# Find all lowercase words that start with 'x' and end with 'y'.
# ('x'로 시작하고 'y'로 끝나는 모든 소문자 단어를 찾아라.)
pattern = r'\bx\w*y\b'
print(re.findall(pattern, txt))
```

필자가 소문자 단어를 찾으라고 주석에 추가한 내용은 완전히 무시되었다. 이전 퍼즐에서는 반영되었지만 말이다. 여기서 중요한 교훈을 하나 얻을 수 있다. AI 코딩 어시스턴트들은 초기에 코드를 바르게 생성할 때는 매우 유용하지만 너무 의존하여 검토하지 않고 그대로 사용해서는 안 된다.

03 Endpoint 클래스

같은 문자 클래스의 시작과 끝이 다른 단어를 매치하라

이번 퍼즐은 앞선 두 퍼즐의 주제인 단어 매치와 이어진다. 한 가지 다른 점이 있다면 x로 시작해서 y로 끝나는 단어는 물론, y로 시작해서 x로 끝나는 단어도 식별한다는 점이다.

길이가 0인 특별한 단어 경계 패턴을 기억하는가? 다음과 같이 첫 번째 시도를 해볼 수 있다.

```
>>> txt = """
expurgatory xylometer yex xenomorphically exquisitely
xylology xiphosurans xenophile yunx oxytocin xylogen
xeriscapes xerochasy inexplicably yonderly inexpressibly
extremity xerox xylographic complexly vexillology
xanthenes xylenol xylol yexing xylenes coextensively
"""
>>> pat6 = re.compile(r'\b[xy][a-z]*[xy]\b')

>>> re.findall(pat6, txt)
['yex', 'xenomorphically', 'xylology', 'yunx', 'xerochasy',
 'yonderly', 'xerox']
"""
```

잘못된 부분이 있는가? 그렇다. 원하지 않는 몇몇 단어가 매치되었다. 모든 단어가 x 또는 y로 시작하거나 끝나기는 하지만 말이다.

정규표현식을 다듬어서 우리가 원하는 것과 매치하자

첫 번째로 시도한 패턴은 단어의 시작 또는 끝에 x나 y가 나타나도록 허용한다. 이처럼 단어 경계는 잘 처리되지만 x로 시작하고 끝나는 단어와 y로 시작하고 끝나는 단어까지 모두 허용하는 오류가 있다. 즉 전체 패턴의 각 끝에 있는 문자 클래스들은 서로 독립적이라는 의미를 가진다.

필자가 실제 코드에서 수없이 만들어내는 오류와 매우 비슷하다. 견고한 접근 방식은 원하는 모든 것을 패턴의 대안으로 나열하는 것이다.

```
>>> pat7 = re.compile(r'\b((x[a-z]*y)|(y[a-z]*x))\b')
>>> [m[0] for m in re.findall(pat7, txt)]
['yex', 'xenomorphically', 'xylology', 'yunx', 'xerochasy']
```

이 해결 방법에는 함수 API에 파이썬 관련 세부 사항이 있다. 함수 re.findall()은 패턴이 여러 그룹을 포함한 경우 **튜플**tuple을 반환한다. 첫 번째 그룹은 단어 전체이지만 두 번째 그룹 또는 세 번째 그룹 중 하나는 빈 값이 된다. 예를 들면 다음과 같다.

```
>>> re.findall(pat7, txt)
[('yex', '', 'yex'), ('xenomorphically', 'xenomorphically', ''),
 ('xylology', 'xylology', ''), ('yunx', '', 'yunx'), ('xerochasy', 'xerochasy', '')]
```

친구들은 전기로 움직이는가?

우리의 로봇 친구가 끔찍한 실패를 하고 말았다. 적어도 2022년 12월 버전의 코파일럿은 그렇다. 첫 번째 시도는 다음과 같은 답변을 내놓았다.

```
# Identify *both* words that start with x and end with y,
# but *also* words that start with y and end with x.
# (x로 시작하는 단어와 y로 끝나는 단어들을 *모두* 식별하라.
# 또한, y로 시작해서 x로 끝나는 단어들도 *함께* 식별하라.)
regex = r"^(x|y).*\1$"
```

코파일럿의 응답을 그대로 가져온 것이다. 안타깝게도 응답은 대부분 틀렸다. 한 줄에 하나의 단어가 있어야 한다는 명시되지 않은 요구 사항이 추가되었는데 이는 쉽게 수정할 수 있으니 넘어가자.

하지만 기계의 기본 로직, 즉 동일한 문자를 처음과 끝에 두려고 하는 것은 근본적으로 잘못되었다. 그러나 '단어'로 범위를 좁힐 수 있는 어떤 단어 경계나 문자 클래스도 없다면, 예를 들어 ^와 $ 없이 패턴을 단순하게 사용하면 다음과 같은 결과를 얻는다.

```
/(x|y).*\1/

expurgatory xylometer yex xenomorphically exquisitely xylology
xiphosurans xenophile yunx oxytocin xylogen xeriscapes xerochasy
inexplicably yonderly inexpressibly extremity xerox xylographic
complexly vexillology xanthenes xylenol xylol yexing xylenes
coextensively
```

표현을 약간 수정했더니 문제를 해결하려면 re 모듈을 사용해야 한다는 일반적인 조언을 얻었다. 크게 도움이 안 되는 답변이다.

필자는 코파일럿보다 더 괜찮다고 생각되는 ChatGPT를 사용하여 동일한 작업을 해보았다. 세부 사항을 적절하게 조정하고자 몇 가지 질문과 응답을 주고받았다. 먼저 다음과 같이 요청했다.

> Write a Python program to identify both words that start with x and end with y and also words that start with y and end with x.
>
> (x로 시작해서 y로 끝나는 단어와 y로 시작해서 x로 끝나는 단어를 모두 식별하는 파이썬 프로그램을 작성하라.)

ChatGPT는 정규표현식을 사용하지 않는 완벽한 파이썬 함수(와 깔끔한 **테스트 케이스**test case)를 만들어냈다.

그래서 ChatGPT가 정규표현식을 사용하도록 프롬프트를 약간 수정했다. 'using regular

expressions(정규표현식을 사용해서)'라고 지정하자 ChatGPT는 단어를 포함하는 문단이 아닌 단어 리스트를 조작하는 해결 방안을 생성했다. 최종 프롬프트를 보자.

Write a Python program to identify both words that start with x and end with y and also words that start with y and end with x, **within a paragraph of text, using regular expressions.**

(정규표현식을 사용해서 문단 안에서 x로 시작하고 y로 끝나는 단어와 y로 시작하고 x로 끝나는 단어를 식별하는 파이썬 프로그램을 작성하라.)

텍스트, 코드, 테스트 케이스, 간단한 출력을 포함한 훌륭한 응답을 만들어낸 프롬프트다. 프롬프트 결과는 튜링 테스트turing test, 그리고 주니어 프로그래머가 되기 위한 코딩 인터뷰도 통과할 것이다.

Sure, here is a Python program that uses regular expressions to identify words that start with x and end with y, as well as words that start with y and end with x, within a paragraph of text:

(다음은 문단 안에서 x로 시작해서 y로 끝나는, 그리고 y로 시작해서 x로 끝나는 단어를 식별하는 정규 표현식을 사용한 파이썬 프로그램이다:)

```python
import re

def find_xy_words(text):
    # Regular expression to match words that
    # start with 'x' and end with 'y'
    # ('x'로 시작하고 'y'로 끝나는 단어를 매치하는 정규표현식)
    xy_pattern = r'\bx\w*y\b'
    # Regular expression to match words that
    # start with 'y' and end with 'x'
    # ('y'로 시작하고 'x'로 끝나는 단어를 매치하는 정규표현식)
    yx_pattern = r'\by\w*x\b'
    xy_words = []
    yx_words = []
    # Iterate through all the words in the text.
    # (텍스트의 모든 단어를 반복한다.)
```

```
    for word in re.findall(r'\b\w+\b', text):
        if re.match(xy_pattern, word):
            xy_words.append(word)
        elif re.match(yx_pattern, word):
            yx_words.append(word)
    return xy_words, yx_words

# Test the function.
# (함수를 테스트한다.)
text = "The quick brown fox jumps over the lazy dog. "\
       "The xyz cat is hiding in the yzx tree."
xy_words, yx_words = find_xy_words(text)
print(f"Words that start with 'x' and end with 'y': {xy_words}")
print(f"Words that start with 'y' and end with 'x': {yx_words}")
```

This will output the following:

(출력 결과는 다음과 같다:)

```
Words that start with 'x' and end with 'y': ['xyz']
Words that start with 'y' and end with 'x': ['yzx']
```

This program uses the re module to match the regular expressions xy_pattern and yx_pattern to each word in the input text. The regular expressions use word boundaries(\b) to ensure that only whole words are matched. If a word matches either of these patterns, it is added to the appropriate list(xy_words and yx_words). The function then returns these two lists.

(이 프로그램은 re 모듈을 사용해서 입력 텍스트의 각 단어에 대해 정규표현식 xy_pattern 및 yx_pattern 을 매치한다. 정규표현식은 단어 경계(\b)를 사용하여 전체 단어만 매치되게 한다. 단어가 이런 패턴 중 하나 와 일치하면 해당 목록(xy_words 또는 yx_words)에 추가된다. 함수는 이 두 리스트를 반환한다.)

I hope this helps! Let me know if you have any questions.

(도움이 되었기를 바라며 질문이 있다면 알려주기를 바란다.)

필자는 두 개의 리스트를 별도로 생성하라고 요청하지 않았지만 ChatGPT는 각각 생성한다. 심지어 ChatGPT는 필자가 사용한 코드 요소를 거의 그대로 사용했으며, 마치 전문가 같은 정확도로 코드를 설명한다.

물론 크지는 않지만 문제가 여전히 존재한다. ChatGPT가 작성한 프로그램은 명시된 출력을 생성하지 않는다. 출력 예시에 주어진 xyz는 규칙에 부합하지 않으며 ChatGPT가 작성한 샘플 텍스트를 입력으로 하여 find_xy_words() 함수가 반환한 값과도 일치하지 않는다(xyz는 xy_pattern과 절대로 일치하지 않는다).

 ## 구성 포맷

정규표현식을 사용해서 구성 포맷을 파싱하라

퍼즐 4에서는 파이썬을 사용하지만 올바른 정규표현식을 선택하는 것이 더 중요하다. 다음의 구성 파일을 가졌다고 가정해보자.

```
config = """
3 = foobar
14=baz
9= fizzbuzz
21=more_stuff,here
"""
```

정규표현식을 사용한 코드를 이용해 왼쪽 숫자와 오른쪽 문자열을 매핑한 **딕셔너리**dictionary로 변환하고 싶다면 다음과 같은 **인메모리 구조**in-memory structure로 파싱할 수 있다.

```
{3: 'foobar', 14: 'baz', 9: 'fizzbuzz', 21: 'more_stuff,here'}
```

다른 파일도 필요한 부분만 약간 수정해 분석해야 하며, 그 결과는 항상 문자열 번호 사이의 매핑이어야 한다.

예시를 보면 등호 양쪽에 위치한 공백 수는 임의로 지정한 것으로 보인다. 즉 양쪽에 0개 이상의 공백이 허용한다고 가정하면 된다. 일반적으로는 왼쪽에 단어가, 오른쪽에 숫자가 있는 형식이기 때문에 익숙하지 않을 수는 있으나 충분히 잘 정의되고 목적에 적합한 형식이다.

이와 관련된 정보를 찾는 가장 쉬운 방법은 re.findall()과 다른 정규표현식 함수가 노출하는 각 측면의 그룹을 사용하는 것이다. 다음을 사용하면 거의 올바른 답을 얻을 수 있다.

```
>>> dict(re.findall(r'^(\d+) *= *(.*)$', config, re.MULTILINE))
{'3': 'foobar', '14': 'baz', '9': 'fizzbuzz', '21': 'more_stuff,here'}
```

문자열의 각 행을 매치하는 데 여러 줄을 수정해야 한다는 사실에 유의하자. 한 가지 문제가 있다면 퍼즐에서는 숫자를 문자열이 아니라 숫자로 나타내도록 요청했다는 점이다. 파이썬에서는 여러 가지 방법으로 해결할 수 있는데 가장 쉬운 방법 중 하나는 다음과 같다.

```
>>> {int(k): v for k, v in
           re.findall(r'^(\d+) *= *(.*)$', config,
     re.MULTILINE)}
{3: 'foobar', 14: 'baz', 9: 'fizzbuzz', 21: 'more_stuff,here'}
```

🤖 AI 생각) **사이버다인 볼트 노트**

AI 코딩 어시스턴트는 기대하는 것만큼 큰 도움이 되지 않는 경우가 있다. 명시적인 프롬프트를 만들고자 다음과 같이 주석을 추가해봤다.

> # convert the text in the 'config' variable to a dictionary
> # mapping the numbers to the left of the equal sign to the
> # strings to the right.
>
> # ('config' 변수 안의 텍스트를 딕셔너리로 전환하라.
> # 이 딕셔너리에서는 등호 왼쪽에 숫자, 등호 오른쪽에 문자열을 매핑한다.)

이에 코파일럿은 문제를 명확하게 하는 추가적인 주석 행을 제안하면서 시작한다. 영어로 잘 쓰인 이 주석은 일부는 기술적으로 작업의 **경계선 조건**edge condition을 다루지만 점진적으로 이런 행을 10여 개 정도 보고 나면 AI가 실제 코드를 제안할 것처럼 생각하지 않게 된다.

코파일럿은 다양한 선택을 할 수 있는 제안을 팝업으로 제공하지만 일부만 유용하고 대부분 의미 없는 주석이나 함수의 **스캐폴드**scaffold를 제공한다. 예를 들어 다음과 같이 옵션 목록으로 제안한다.

```
# The strings may contain commas, and the numbers may be any
# string that can be converted to an integer.
# The output should be something like:
# (이 문자열들은 쉼표를 포함할 수 있으며,
# 숫자들은 정수로 변환될 수 있는 임의의 문자열을 가질 수 있다.
# 출력은 다음과 같다:)
# {3: 'foobar', 14: 'baz', 9: 'fizzbuzz', 21: 'more_stuff,here'}
```

퍼즐에 대한 올바른 답을 정확하게 식별한다는 점이 매우 흥미롭다. 그러나 유사한 구성을 파싱하기 위해 재사용할 수 있는 코드는 작성하지 않는다. 필자가 작성한 정확한 구성 문자열이 LLM의 학습 세트에 존재하지 않아 미리 준비한 **코드 스니펫**code snippet을 참조하는 것 외에도 다른 무언가를 참조한 것으로 보인다.

```
# you'll need to split them apart.
# (이들을 분리해야 할 것이다.)
# e.g. {3: ['foobar'], 14: ['baz'], 9: ['fizzbuzz'], 21: ['more_stuff', 'here']}
```

코파일럿이 제시한 해결책은 그럴싸하게 보이지만 이번 퍼즐의 내용만 보면 잘못된 해결책이다. 프로그래머들이 쉼표를 포함한 문자열을 구분된 문자열 리스트로 자주 변환하려고 한다는 점에서는 받아들일 수 있으나 이 퍼즐에서는 해당하지 않으며, 이런 결과가 나온 것은 필자가 일부러 혼란을 야기하도록 퍼즐을 작성했기 때문이다.

코파일럿이 생성한 주석은 원하는 결과에 대한 제법 괜찮은 설명은 제공하지만 정작 결과를 생성하는 코드는 제공하지 않는다.

```
# hint: use the 're' module to find all matches in the text.
# hint: use the 're' module to split each match into two parts.
# (힌트: 're' 모듈을 사용해서 텍스트의 모든 매치를 찾아라.)
# (힌트: 're' 모듈을 사용해서 각 매치를 두 부분으로 나누어라.)
```

코파일럿의 응답과 같은 초보적인 조언은 꽤 자주 접하게 된다. 실제로는 re.findall(), re.split()을 사용하는 것이 좋은 해결책일 수 있다. 이미 정규표현식에 관한 지식이 있을 테니 해당 내용은 이해했다고 가정하겠다.

사람의 유전자

텔로미어로 끝나는 DNA 인코딩 시퀀스를 식별하라

유전체학genomics에서는 일반적으로 FASTA 형식으로 유전자 서열을 나타내는데, 이번 퍼즐은 전체 형식의 하위 집합을 사용하겠다. DNA의 염기를 나타낼 때는 문자 A, C, G, T를 사용하며, FASTA는 '알려지지 않은 뉴클레오티드nucleotide[10]'를 나타내는 기호 N, '결정되지 않는 길이의 간격'을 나타내는 - 기호를 추가로 포함한다.

또한, 생물학적 생물체에서 DNA 영역은 텔로미어telomere로 종료된다. 텔로미어는 특별한 서열이며 해당 읽기 메커니즘은 전사transcription를 중지하고 단백질을 형성한다. 시퀀스 끝에서 수천 번 이상 반복되는 경우가 많다. 따라서 퍼즐을 단순화하고자 텔로미어가 세 개 이상 반복되면 단백질 시퀀스의 끝을 나타낸다고 가정한다. 척추동물에서 사용되는 텔로미어는 TTAGGG다.

이번 퍼즐에서는 단백질 인코딩 영역의 시작 표시를 무시하고 모든 문자열이 잠재적 단백질 인코딩을 시작한다고 하자. (간략화한) FASTA 조각에서 '특정 단백질 인코딩'을 나타내는 정규 표현식을 작성하고자 한다. 어떤 뉴클레오티드가 존재하는지 알아야 하며 공백이나 알 수 없는 뉴클레오티드가 있는 경우에는 매치되지 않는다. 지금은 시퀀스 끝에서 반복되는 텔로미어

---

10 옮긴이 뉴클레오티드는 RNA 및 DNA를 구성하는 빌딩 블록으로 5탄장, 질소 염기 및 하나 이상의 인산염 그룹이라는 세 가지 구성 요소로 구성된 유기 분자다. 대다수의 뉴클레오티드에 존재하는 질소 염기는 퓨린(아데인(A)+구아닌(G))과 피리미딘(시토신(C), DNA의 티민(T) 또는 RNA의 우라실)이다.

내의 공백이나 알 수 없는 공백도 허용하지 않는다.

모든 FASTA 기호가 하나의 행에 존재한다고 가정하고 퍼즐 5를 작성해보자. 일반적으로 생성된
FASTA 기호는 80문자 이하의 고정 폭을 가지며 줄 바꿈은 무시된다.[11] 다음은 매치되는 예시다.[12]

```
>>> from textwrap import wrap
>>> print('\n'.join(wrap(valid, 60)))
CCCTGAATAATCAAGGTCACAGACCAGTTAGAATGGTTTAGTGTGGAAAGCGGGAAACGAAAAGCCTCTCTGAATCCTGCGCACCGA
GATTCTCCCAAGGCAAGGCGAGGGGCTGTATTGCAGGGTTCAACTGCAGCGTCGCAACTCAAATGCAGCATTCCTAATGCACACATG
ACACCCAAAATATAACAGACATATTACTCATGGAGGGTGAGGGTGAGGGTGAGGGTTAGGGTTAGGGTTAGGGTTAGGGTTAGGGTT
AGGGTTAGGGTTAGGGTTAGGGTTAGGG
```

좋은 패턴을 사용하면 텔로미어 반복을 제외한 모든 것을 식별할 수 있다.

```
>>> coding = re.search(pat, valid).group()
>>> print('\n'.join(wrap(coding, 60)))
CCCTGAATAATCAAGGTCACAGACCAGTTAGAATGGTTTAGTGTGGAAAGCGGGAAACGA
AAAGCCTCTCTGAATCCTGCGCACCGAGATTCTCCCAAGGCAAGGCGAGGGGCTGTATTG
CAGGGTTCAACTGCAGCGTCGCAACTCAAATGCAGCATTCCTAATGCACACATGACACCC
AAAACTATAACAGACATATTACTCATGGAGGGTGAGGGTGGGGGTGAGGG
```

이번에 두 가지가 실패했다. 첫째, 충분히 반복되지 않았다. 둘째, 구체적이지 않은 뉴클레오
티드 서열 기호가 존재했다.

```
>>> print('\n'.join(wrap(bad_telomere, 60)))
CCCTGAATAATCAAGGTCACAGACCAGTTAGAATGGTTTAGTGTGGAAAGCGGGAAACGA
AAAGCCTCTCTGAATCCTGCGCACCGAGATTCTCCCAAGGCAAGGCGAGGGGCTGTATTG
CAGGGTTCAACTGCAGCGTCGCAACTCAAATGCAGCATTCCTAATGCACACATGACACCC
AAAATATAACAGACATATTACTCATGGAGGGTGAGGGTGAGGGTGAGGGTTAGGGTTAGG
GTTTAGGGTTAGGGTTTAGGGGTTAGGGGTTAGGGATTAGGGTTAGGGTTTAGG
```

---

12 예시의 일부 문자는 해당 기능을 보여주기 위해 발음 기호를 조합한 유니코드를 가진다. 기술적으로 예시에 나타난 일부
문자는 FASTA 코드처럼 보이지만 FASTA 코드가 아니다.

```
>>> re.search(pat, bad_telomere) or "No Match"
'No Match'

>>> print('\n'.join(wrap(unknown_nucleotide, 60)))
CCCTGAATAATCAAGGTCACAGACCAGTTAGAATGGTTTAGTGTGGAAAGCGGGAAACGA
AAAGCCTCNCTGAATCCTGCGCACCGAGATTCTCCCAAGGCAAGGCGAGGGGCTGTATTG
CAGGGTTCAACTGCAGCGTCGCAACTCAAATGCAGCATTCCTAATGCACACATGACACCC
AAAATATAACAGACATATTACTCATGGAGGGTGAGGGTGAGGGTGAGGGTTAGGGTTAGG
GTTTAGGGTTAGGGTTAGGGGTTAGGGGTTAGGGTTAGGGTTAGGGTTAGGG

>>> re.search(pat, unknown_nucleotide) or "No Match"
'No Match'
```

첫 번째 미스 매치에서는 일부만 텔로미어인 세 개의 뉴클레오티드 서열이 있으며, 두 번째 미스 매치에는 N 기호가 사용되고 있다. 두 가지 모두 유효한 FASTA 인코딩이지만 퍼즐에서 지정한 염기 서열과는 일치하지 않는다.

저자생각) 분자생물학의 중심 원리를 기억하라

정규표현식을 설계할 때는 몇 가지 핵심 사항을 고려해야 한다. 여러분의 패턴이 후보 시퀀스 시작 부분에서 시작되는지 확인해야 한다. 만약 그렇지 않다면 유효한 마지막 부분만 매치하게 된다. 이후에는 모든 C, A, T 및 G 기호의 시퀀스가 허용된다. 그러나 텔로미어는 포함하면 안 되기 때문에 비탐욕적으로 일치시키고자 할 것이다. 텔로미어는 적어도 세 번 이상 반복될 수 있으며, 선택적으로 반복되는 텔로미어는 후보 뉴클레오티드 서열의 마지막까지 계속되어야 하므로 탐색 패턴 안에서 $와 일치해야 한다.

```
^([CATG]+?)(?=(TTAGGG){3,}$)
```

이번 퍼즐에서도 코파일럿은 유용한 코드를 생성하지 못한다. 그러나 ChatGPT는 프롬프트를 조금 수정하면 굉장히 좋은 코드를 생성한다. 코파일럿에서는 합리적인 프롬프트를 작성해도 **플레이스홀더**placeholder 함수만 생성된다. 물론 필자가 제시한 주석을 반복하여 더 나은 결과를 얻을 수도 있지만 이번 퍼즐에서는 ChatGPT가 제공하는 '세션 기억을 통한 상호 대화' 스타일의 장점이 빛을 발한다.

동일한 파이썬 샘플 파일에 유효한 샘플 FASTA 시퀀스가 존재하는 경우 코파일럿은 다음과 같은 결과를 보여줬다.

```python
# Write a function to identify FASTA sequences that end
# in at least 3 repetitions of the telomere TTAGGG.
# (텔로미어 TTAGGG가 최소한 세 번 반복되고 끝나는 FASTA
# 시퀀스를 식별하는 함수를 작성하라.)
def find_telomeres(fasta):
    # Your code here
    # (여러분의 코드)
    pass
```

코파일럿은 함수와 변수명, **스켈레톤 코드**skeleton code를 제공했지만 **스니펫**snippet 라이브러리와 크게 다른 점이 없다. ChatGPT를 활용할 때는 '대화'를 나누며 개선했고 훨씬 좋은 결과를 얻었다. 이때 사람과 나누는 대화와 매우 비슷해 무의식적으로 ChatGPT를 인격화할 수도 있다.

ChatGPT와 대화하면서 개선한 끝에 최종적으로 다음과 같이 요청했다.

> Write a Python function to identify the encoding region of FASTA sequences that end in at least 3 repetitions of the telomere TTAGGG.
>
> (FASTA 시퀀스의 인코딩 영역을 식별하는 파이썬 함수를 작성하라. 이 시퀀스는 텔로미어 TTAGGG가 최소 세 번 반복된 후 끝난다.)

Sure, here is a Python function that identifies the encoding region of FASTA sequences that end in at least 3 repetitions of the telomere TTAGGG:

(다음은 텔로미어 TTAGGG가 최소 세 번 반복되는 것으로 끝나는 FASTA 시퀀스 인코딩 영역을 식별하는 파이썬 함수다:)

```python
def find_encoding_region(fasta_string):
    """Finds the encoding region of FASTA sequences that end
    in at least 3 repetitions of the telomere TTAGGG.
    # (텔로미어 TTAGGG가 최소한 세 번 반복되고 끝나는
    # FASTA 시퀀스의 인코딩 영역을 찾는다.)
    Parameters:
    fasta_string (str): A string containing one or more
        FASTA sequences.

    Returns:
    list: A list of the encodin g regions of the FASTA
        sequences that meet the criteria.
    """
    # Regular expression to match 3 or more repetitions of
    # TTAGGG at the end of a string
    # (문자열 끝에 TTAGGG가 세 번 이상 반복되는지 매치하는 정규표현식)
    telomere_pattern = r'TTAGGG(?:TTAGGG)+$'

    encoding_regions = []
    # Split the FASTA string into individual sequences.
    # (FASTA 문자열을 개별적인 시퀀스로 분리한다.)
    for sequence in fasta_string.split('>')[1:]:
        # Split the sequence into the header
        # and the sequence itself
        # (해당 시퀀스를 헤더와 시퀀스 자체로 나눈다.)
        header, seq = sequence.split('\n', 1)
        if re.search(telomere_pattern, seq):
            # Find the index of the last repetition of TTAGGG.
            # (TTAGG가 마지막으로 반복되는 인덱스를 찾는다.)
            last_index = re.search(
                telomere_pattern, seq).span()[1] - 6
            encoding_region = seq[:last_index]
            encoding_regions.append(encoding_region)

    return encoding_regions
```

```
# Test the function.
# (함수를 테스트한다.)
fasta_string = """>seq1
AGCTAGCTTTAGGGTTAGGGTTAGGG
>seq2
AGCTAGCTTTAGGGTTAGGGTTAGGGTTAGGG
>seq3
AGCTAGCTTTAGGGTTAGGGTTAGGGA
>seq4
AGCTAGCTTTAGGGTTAGGGTTAGGGTTAGGGTTAGGG
"""
encoding_regions = find_encoding_region(fasta_string)
print(f"Encoding regions: {encoding_regions}")
```

This will output the following:

(출력 결과는 다음과 같다:)

```
Encoding regions: ['AGCTAGCT', 'AGCTAGCT']
```

This function uses a regular expression to match 3 or more repetitions of the telomere sequence `TTAGGG` at the end of a string. It then splits the input FASTA string into individual sequences and checks if each sequence ends with the telomere sequence using the `re.search` function. If a sequence meets this criteria, it finds the index of the last repetition of TTAGGG using the `re.search.span` method and uses this index to extract the encoding region from the sequence. The encoding region is then added to the `encoding_regions` list. The function returns this list.

(이 함수는 정규표현식을 사용해 문자열 끝의 텔로미어 시퀀스인 TTAGGG가 세 번 이상 반복되는지 매치한다. 이후 FASTA 문자열을 개별적인 시퀀스로 나누고 `re.search` 함수를 사용해 각 시퀀스가 텔로미어 시퀀스로 끝나는지 확인한다. 시퀀스가 조건을 만족하면 함수는 `re.search.span` 메서드를 사용해 마지막으로 TTAGGG가 반복되는 인덱스를 찾고 이 인덱스로 시퀀스에서 인코딩 영역을 추출한다. 인코딩 영역은 `encoding_regions` 리스트에 추가되며 함수는 이 리스트를 반환한다.)

I hope this helps! Let me know if you have any questions.

(도움이 되었기를 바라며 질문이 있다면 알려주기를 바란다.)

ChatGPT의 해결책은 필자가 명시적으로 제공하지 않은 수많은 지식까지 담고 있다. 이 번 퍼즐에서는 단순화한 FASTA 형식을 제공했지만 ChatGPT는 이미 다수의 시퀀스를 >description으로 명명된 초기 행과 함께 인코딩할 수 있는 형식을 안다. 또한, 필자는 프롬 프트에서 'encoding region(인코딩 영역)'이라고 언급했는데 컴퓨터 알고리즘 관점에서 보면 상 당히 구체적이지 않은 표현이기 때문에 유전체학에 대해 따로 공부해야 한다.

필자의 프롬프트에서는 정규표현식을 일체 언급하지 않았다. 하지만 ChatGPT는 정규표현식 이 순수하게 기능 목표를 구현하는 데 최적이라고 결정했다(인간 프로그래머인 필자에게는 당연 한 결정이지만 말이다). 필자와 ChatGPT의 정규표현식에는 큰 차이가 없다. 필자는 **전방 탐색 어 서션**lookahead assertion을 사용했지만 ChatGPT는 **비캡처링 그룹**non-capturing group을 사용했고, 필 자는 텔로미어 앞에 있는 뉴클레오티드의 문자 클래스를 확인했지만 ChatGPT는 확인하지 않 았다. 이런 사소한 차이는 뛰어난 인간 프로그래머 사이에서도 흔히 있는 일이다.

하지만 인간 프로그래머로서 잠시 생각해보자. ChatGPT 응답은 보기에 매우 현명하지만 몇 가지 중요한 측면에서 잘못되었다. 코드를 실행하면 명시한 출력이 아닌 다음을 출력한다.

```
Encoding regions: [
    'AGCTAGCTTTAGGGTTAGGG',
    'AGCTAGCTTTAGGGTTAGGGTTAGGG',
    'AGCTAGCTTTAGGGTTAGGGTTAGGGTTAGGG']
```

이 코드는 전체 텔로미어 대신 불필요한 A로 끝나는 seq3를 올바르게 제외한다. 하지만 seq1, seq2, seq4 중 두 개가 아니라 세 개 모두 출력한다. 또한, .span()[1] - 6 로직은 잘못되었 다. 제안된 코드는 세 개 이상의 텔로미어를 전부 제거하지 않고 마지막 하나만 제거한다. 여 러 가지 방법으로 수정할 수 있지만 뛰어난 ChatGPT 능력에 놀라 사소하지만 중요한 부분에 서 잘못된 사실을 간과하기 쉬우니 주의해야 한다.

3

함정과
톱니바퀴 속
모래

CHAPTER 3
Pitfalls and sand in the gears

정규표현식은 간단하고 표현력도 뛰어나지만 너무나 쉽게 돌이킬 수 없는 일을 만들기도 한다. 이런 단점이 일어나지 않으려면 적어도 그러한 어려움이 어디에서 발생하는지 이해할 필요가 있다.

치명적인 백트래킹

정규표현식을 사용해 메시지 프로토콜을 빠르게 검증하라

이번 퍼즐에서는 메시지 프로토콜을 상상해보자. 이 프로토콜은 다음과 같은 기호로 구성된 알파벳 메시지를 갖는다.

코드 포인트	이름	형태
U+25A0	검은색 사각형	■
U+25AA	검은색 작은 사각형	▪
U+25CB	흰색 원	○
U+25C9	물고기 눈	◉
U+25A1	흰색 사각형	□
U+25AB	흰색 작은 사각형	▫
U+25B2	검은색 위쪽 삼각형	▲
U+25CF	검은색 원	●
U+2404	전송 종료	␄(예시에서는 !로 표기)

굉장히 매력적인 기하학적 문자들은 자연어 단어로 매치 여부를 결정하는 것을 피하고자 선택했다. 일대일 대응만 보장된다면 여러분이 사용하는 셸에서 입력하기 쉬운 문자나 숫자로 대체해도 좋으며 어떤 것을 사용해도 좋다.

기호는 메시지 프로토콜의 구성 요소라고 생각하자. 프로토콜에서 유효한 메시지는 교대로 'type 1'이나 'type 2'에 속하는 블록으로 구성되며, 각 메시지는 '전송 종료 문자'로 끝나야 한다.

프로토콜 메시지에서 각 블록은 하나 이상의 기호로 구성된다. type 1은 검은색 사각형, 검은색 위쪽 삼각형, 흰색 원, 물고기 눈, 흰색 사각형 중 하나 이상의 옵션을 가질 수 있으며, 순서나 숫자에 제한이 없다. type 2 블록은 흰색 작은 사각형, 흰색 사각형, 검은색 작은 사각형, 검은색 원 또는 검은색 위쪽 삼각형을 가지며 역시 순서나 숫자에 제한이 없다. 그리고 블록 사이에는 선택적으로 공백이 들어갈 수 있다.

전송 종료 문자는 메시지 끝을 나타낸다. 유효한 메시지를 설명하는 명백한 패턴은 전송 종료 문자와 적절하게 일치해야 한다. 몇 가지 예시를 소개한다.

```
Regex: (^((([■▲○◉□]+) ?([▫□▪●▲]+) ?)+)!

Structure 1/2/1/2   | Message '■▲◉▫▪▫!' is Valid
Structure 1 2 1 2   | Message '■▲◉ ▫ ■ ▪▫!' is Valid
Missing terminator  | Message '■▲◉▫■▪▫' is Invalid
Structure 1 1 2 1   | Message '▲▲▲ ■◉ ▫ ▫ ● ◉○○!' is Invalid
```

해당 정규표현식 패턴은 수학적인 관점에서 본다면 맞는 것으로 나오지만 일부 메시지를 확인할 때 매우 느려질 수 있다. 다음의 예를 보자.

```
Quick match   | '■▲○◉□ ▫□ ▪●◉○ ▫ ▪ ●●□□▲▲○○◉■◉■▲▲□□●▲!' is Valid
              | Checked in 0.00 seconds
Quick failure | '■▲○◉■▲ ▪●●■◉■▲▲◉◉◉■□□□ ▫ ▫ ▪●●◉ ▫■◉■!' is Invalid
              | Checked in 0.00 seconds
Failure       | '▲□□▲▲□□▲▲▲□□□□□□□▲▲□▲□▲□▲□X' is Invalid
              | Checked in 4.42 seconds
Slow failure  | '▲□□▲▲▲□□▲▲▲□□□□□□□▲▲□▲□▲□▲□X' is Invalid
              | Checked in 8.62 seconds
Exponential   | '▲▲▲▲▲▲□□▲▲▲□□□□□□□▲□▲□▲□▲□X' is Invalid
              | Checked in 17.59 seconds
One more symbol | '▲▲▲▲□▲□□▲▲□▲□□□□□□□▲▲□▲□▲□▲▲' is Invalid
              | Checked in 31.53 seconds
```

이런 일이 발생한 이유는 무엇일까? 유효한 패턴과 첫 번째 잘못된 패턴이 미스 매치를 느리게 감지하는 패턴보다 더 길기 때문이다. 마지막 네 개의 메시지가 무효라는 것을 결정하는 데 걸리는 시간은 문자를 하나 추가할 때마다 거의 두 배로 증가한다.

먼저 설명을 읽기 전에 느려진 이유를 생각해보고 메시지 형식을 유효하게 검증하는 대안적인 정규표현식을 만들어보자. 모든 경우(수천 개의 기호로 이루어진 메시지라도)가 1초 이내의 시간만 사용하는 해결책이어야 한다.

시각적 표현을 위해 특수문자를 사용한 다른 퍼즐과 마찬가지로 지금 퍼즐에서 사용한 기호를 입력하기 쉬운 문자나 숫자로 대체해 테스트해보는 것이 더 쉬울 수도 있다. 그렇다고 해서 퍼즐 성격이 바뀌는 것은 아니다. 그저 키보드를 조금 더 쉽게 사용할 수 있게 될 뿐이다.

💬 저자생각) **파국을 피하기 위해 노력하라**

느리게 실패하는 메시지는 사람의 눈으로 보면 그 이유가 매우 분명하다. 메시지가 모두 '전송 종료' 문자로 끝나지 않기 때문이다. 메시지가 유효하지 않은 기호 X로 끝나든 종료 문자가 없는 유효한 기호로 끝나든 중요하지 않다. 그러나 해당 메시지의 마지막 기호는 type 1 블록에서만 나타날 수 있는 '검은색 사각형'이며, type 2 블록은 항상 종료 문자 바로 앞에 와야 한다. 이를 정규표현식 엔진은 상당히 빠르게, 약 1/100초 이내에 처리했다.

type 1 블록과 type 2 블록 사이에는 기호 집합이 중복된다. 특정 기호가 주어진 블록에 속하는지 아니면 다음 블록에 속하는지 판단하기 모호하다. 그러나 단순히 매치하는 것, 즉 하나의 가능한 매치가 있다면 즉시 찾을 수 있다. 예를 들어 모호한 '흰색 사각형'과 '검은색 위쪽 삼각형'만 있는 메시지의 유효성은 즉시 검증할 수 있다.

```
Ambiguous quick | '▲▲▲▲□▲□□▲▲□▲□□□□□□□□▲▲□▲□▲□▲▲!' is Valid
                | Checked in 0.00 seconds
```

다만 매치할 때 type 1 블록과 type 2 블록이 얼마나 많이 생성되는지 알 수 없다. 필자는 블록 생성 숫자를 알 수 있을 만큼 정규표현식 엔진을 잘 알지만 API는 블록 생성 숫자를 알 수 있는지 보장할 수 없다. 이후 라이브러리 버전에서는 호환성을 유지하면서 달라질 수도 있다.

정규표현식은 종료 문자가 있는지 예측할 만큼 똑똑하지 않아 명확하게 지시해야 하며, 답변은 올바르긴 하지만 원하는 것만큼 효율적이지는 않다.

정규표현식 엔진은 '이 블록의 일부 기호, 다른 블록의 일부 기호'를 대상으로 하는 가능한 모든 **순열**permutation을 시도하며 이 때문에 메시지 길이가 지수적으로 복잡해지고 '마침내' 매치하는 것이 없다는 것을 결정한다.

엔진에 조금만 추가 작업을 해서 문제를 해결해보자. type 1과 type 2 블록을 교대로 식별하기에 앞서 전체 메시지가 종료 문자로 끝나는 유효한 기호로 구성되었는지 확인한다. 이 검사는 거의 즉시 완료되며, **치명적인 백트래킹**catastrophic backtracking과 만나는 (전부는 아니지만) 매우 많은 경우를 없애준다.

```
Regex: (^(?=^[■▲○◎□▫▪●   ]+!)(([■▲○◎□]+) ?([▫□▪●▲]+) ?)+)!

Structure 1/2/1/2  | Message '■▲◎▫■▪▫!' is Valid
Structure 1 2 1 2  | Message '■▲◎ ▫ ■ ▪▫!' is Valid
Missing terminator | Message '■▲◎▫■▪▫ ' is Invalid
Structure 1 1 2 1  | Message '▲▲▲ ■■■ ▫▫▫ ○○○!' is Invalid


Quick match      | '■▲○◎□▫□▪●◎○▫▪▪●●□□▲▲○○◎■◎▲▲▲□□◎▲!' is Valid
                 | Checked in 0.00 seconds
Quick failure    | '■▲○◎■▲▫▪●◎■◎▲▲◎◎◎■□□□▫▫▪●●●▫■◎■!' is Invalid
                 | Checked in 0.00 seconds
Failure          | '▲□□▲▲□▲▲▲□□□□□□□▲▲□▲□▲□▲□▲X' is Invalid
                 | Checked in 0.00 seconds
Slow failure     | '▲□□▲▲▲□□▲▲□□□□□□□□▲▲□▲□▲□▲□X' is Invalid
                 | Checked in 0.00 seconds
Exponential      | '▲▲▲▲▲▲□□▲▲▲□□□□□□□▲▲□▲□▲□▲□▲X' is Invalid
                 | Checked in 0.00 seconds
One more symbol  | '▲▲▲▲□▲□□▲▲□▲□□□□□□□▲▲□▲□▲□▲□▲▲' is Invalid
                 | Checked in 0.00 seconds
Ambiguous quick  | '▲▲▲▲□▲□□▲▲□▲□□□□□□□▲▲□▲□▲□▲□▲▲!' is Valid
                 | Checked in 0.00 seconds
```

코파일럿에 이 퍼즐을 조금 단순화해 제시했다. 타이핑하기 쉽도록 type 1과 type 2 블록에 알파벳을 사용했다. 첫 번째 주석에서 생성된 코드는 본질적으로 필자가 처음에 제시한 치명적인 케이스와 동일하다.

```
# Check whether a string alternates between r'[ABCDE]+'
# and r'[EFGHI]+' then ends with r'X'.
# (문자열이 r'[ABCDE]+'과 r'[EFGHI]+'을 번갈아 표시한 뒤
# r'X'로 끝나는지 확인하라.)
def check_alternating(string):
    return re.match(r'([ABCDE]+[EFGHI]+)*X$', string)
```

코파일럿이 좋은 결과를 보여줬다. 수학적으로는 올바른 해결책이다. 물론 코드 리뷰에서는 반환값 끝에 is not None을 추가하고, 기술적으로 None vs. re.Match 객체를 반환하는 것이 아니라 불리언Boolean 결과를 제공해야 한다는 요구 사항이 있어 수정해야 할 수도 있다. 하지만 이 정도는 사소한 문제이니 괜찮다.

더 살펴봐야 할 것은 코파일럿이 어떻게 치명적인 백트래킹을 피하도록 할 것인가다. 필자는 함수 앞에 주석을 사용해 치명적인 백트래킹을 피하도록 유도하고자 했다(함수는 코파일럿이 작성했다).

```
# Check whether a string alternates between r'[ABCDE]+'
# and r'[EFGHI]+' then ends with r'X', but avoid catastrophic backtracking.
# (문자열이 r'[ABCDE]+'과 r'[EFGHI]+'을 번갈아 표시한 뒤
# r'X'로 끝나는지 확인하라. 단, 치명적인 백트래킹을 피하라.)
def check_alternating_nocat(string):
    return re.match(r'([ABCDE]+[DEFGH]+)*?X$', string)
```

정규표현식은 매우 까다롭다고 생각할 수도 있다. 코파일럿이 전체 그룹에 비탐욕적 수량자를 사용하는 '속임수'를 추가한 것을 보고 초기에 더 쉬운 해결책을 내놓을 수 있었는데 놓치지는 않았는지 고민해야 했다. 실제로 필자의 사고 과정을 확인하고자 테스트를 작성해봤다(사람은 실수를 하기 마련이다).

```
s1 = "EEEEDDEEDEDDDDDDDDDEEDEDEDEE"
s2 = "EEEEDDEEDEDDDDDDDDDEEDEDEDEEX"

from time import perf_counter as now
start = now()
print("s1 naive", check_alternating(s1) is not None,
      "%.2f seconds" % (now() - start))
start = now()
print("s1 nocat", check_alternating_nocat(s1) is not None,
      "%.2f seconds" % (now() - start))
start = now()
print("s2 naive", check_alternating(s2) is not None,
      "%.2f seconds" % (now() - start))
start = now()
print("s2 nocat", check_alternating_nocat(s2) is not None,
      "%.2f seconds" % (now() - start))
```

필자가 작성한 것이 가장 좋은 방법은 아니었는지 결과는 다음과 같았다.

```
s1 naive False 0.00 seconds
s1 nocat False 14.97 seconds
s2 naive True 0.00 seconds
s2 nocat True 0.00 seconds
```

나쁜 결과다. 코파일럿이 무언가 바꾸긴 했으나 치명적인 백트래킹을 해결하는 데 전혀 도움이 되지 않았다. 아무래도 레이 커즈와일Ray Kurzweil과 버너 빈지Vernor Vinge는 좀 더 기다리는 게 좋을 듯하다.[13]

이는 파이썬 버전 3.11에서 사용할 수 있게 된 정규표현식의 구조를 다시 생각해보기 좋은 기회다. 해결책에서는 언급하지 않았지만 **소유 수량자**possessive quantifier를 활용하면 이 문제를 더욱 우아하게 해결할 수 있다. 놀랍게도 같은 스크래치 파일 안에 check_alternating_possessive 함수를 추가하면 코파일럿은 전체 함수를 정확하게 완성한다. 다른 함수가 정의된 콘텍스트를 기반으로 동작하는 것처럼 보이지만 결과는 훌륭하다.

---

13 옮긴이 구글의 레이 커즈와일과 버너 빈지는 2002년 SCIFI.COM의 온라인 채팅에서 강력한 기계의 지능이 인간의 지능을 뛰어넘는 특이점(singularity)이 올 것이라고 예견했다. https://www.thekurzweillibrary.com/singularity-chat-with-vernor-vinge-and-ray-kurzweil

```
def check_alternating_posessive(string):
    return re.match(r'([ABCDE]+[EFGHI]+)*+X$', string)
```

벤치마크benchmark 결과 또한 훌륭하다. 필자는 코파일럿이 내놓은 멋진 결과에 행복함을 느꼈다.

```
s1 possessive False 0.00 seconds
s2 possessive True 0.00 seconds
```

이런 결과를 도출해내려면 프로그래머로서 소유 수량자를 인지하고 있어야 한다. 코파일럿은 소유 수량자와 치명적인 백트래킹이 회피하는 관계성을 인지하지 못하지만, possessive라는 단어를 함수명에 포함시키면 정확한 위치에 소유 수량자를 사용한다.

07 도미노 플레이하기

ASCII로 표현되어 매치된 도미노들을 식별하라

도미노dominoes는 매우 오래된 게임으로 기원은 적어도 서기 1300년 원나라까지 거슬러 올라간다. 타일을 가지고 노는 게임인 도미노는 타일의 한쪽 면에 점이 그려져 있으며 점의 수는 숫자를 의미한다. 구체적인 게임 방법은 규칙에 따라 다양하지만 대부분 타일의 반쪽에 있는 기호나 숫자를 다른 타일의 해당 기호 또는 숫자와 일치시켜야 한다.

실제로 0에서 6까지 점으로 표현된 도미노 타일에 대한 유니코드 문자가 있다. 이는 퍼즐 8에서 자세히 다룬다. 해당 유니코드 문자의 일부는 다음과 같다.

U-1F03B	Domino Tile Horizontal-01-03	⸱ ⸱
U-1F049	Domino Tile Horizontal-03-03	⸱⸱ ⸱⸱
U-1F04C	Domino Tile Horizontal-03-06	⸱⸱ ⸽⸽
U-1F05C	Domino Tile Horizontal-06-03	⸽⸽ ⸱

실제 코드 포인트는 입력하기 어려우며 책처럼 크게 표시해야만 잘 보인다. 정규표현식이 플레이할 '게임'에 관해 설명하기 위해서 먼저 유효valid/승리winning 패턴의 예를 보여주겠다.

⠂⠆ ⠒⠆ ⠒⠿ ⠿⠂ ⠂⠆ ⠒⠆ ⠒⠆

비유효invalid/패배losing 패턴은 다음과 같다.

⠂⠆ ⠒⠆ ⠿⠂ ⠂⠆ ⠒⠆ ⠒⠿ ⠒⠆

이 게임에서 타일은 선형적으로 배열되며 두 개의 타일은 '접촉' 부분의 점 숫자가 같을 때만 인접할 수 있다. 물리적인 타일과 달리 해당 기호들은 뒤집힐 수 없고 왼쪽–오른쪽 순서를 유지한다. 이러한 표시 및 입력 문제를 개선하고자 '타일'을 ASCII 문자로 표기하는 대체 게임을 진행해보겠다. 예를 들어 유니코드 문자로 표시된 승리 및 패배 패턴의 ASCII 버전은 다음과 같다.

```
# 승리
{1:3}{3:3}{3:6}{6:1}{1:3}{3:3}{3:3}

# 패배
{1:3}{3:3}{6:1}{1:3}{3:3}{3:6}{3:3}
```

게임 길이에는 제한이 없다. 1~6 숫자를 갖는 타일이라면 어떤 조합이든 무한대로 사용할 수 있다. 지금부터 모든 플레이를 승리와 패배로 구분하는 정규표현식을 작성해보자. 이때 하나 이상의 타일 시퀀스를 정의하지 않는 문자 시퀀스는 패배로 간주된다는 점을 유의하자.

(저자생각) 첫 번째 생각보다 효율적인 방법을 시도하라

승리 여부를 판단하는 정규표현식에 ASCII 인코딩을 사용할 수 있는 지름길이 있다. 단 도미노 타일이 아이콘 문자일 때는 사용할 수 없다. 동일한 숫자가 한 타일의 끝과 다음 타일의 시작에 나타나야 하는데, 즉 3과 3, 5와 5를 매치하는 것이다. 전방 탐색을 사용해 **역참조 그룹**backreference group을 매치할 수 있다.

```
# Mismatched ends in bad, malformed syntax in awful.
# (미스 매치는 bad, 잘못된 구문은 awful로 끝난다.)
>>> good = '{1:3}{3:3}{3:6}{6:1}{1:3}{3:3}{3:3}'
>>> bad =  '{1:3}{3:3}{6:1}{1:3}{3:3}{3:6}{3:3}'
>>> awful = '{1:3}{{3:5}}{5:2}'

>>> pat = r'^(({[1-6]:([1-6])})(?=$|{\3))+$'

>>> for play in (good, bad, awful):
...     match = re.search(pat, play)
...     if match:
...         print(match.group(), "wins!")
...     else:
...         print(play, "loses!")

{1:3}{3:3}{3:6}{6:1}{1:3}{3:3}{3:3} wins!
{1:3}{3:3}{6:1}{1:3}{3:3}{3:6}{3:3} loses!
{1:3}{{3:5}}{5:2} loses!
```

 (AI 생각) **막대기와 돌멩이를 사용하는 전쟁**

많은 문제에서 패턴을 공식화하고 표현하려면 인간의 감이 중요하다. 코파일럿의 단순한 시도로 이해는 할 수 있을지 몰라도 유용한 코드는 얻지 못한다. 필자는 다음과 같은 프롬프트로 시작했다.

> \# Match a pattern where adjacent numbers, between bracketed
> \# pairs, are the same.
> \# For example, good: "{1:3}{3:3}{3:6}{6:1}{1:3}{3:3}{3:3}"
> \# (괄호로 감싸진 숫자 쌍의 인접한 숫자들이 같은 패턴을 매치하라.
> \# 예를 들면, good: "{1:3}{3:3}{3:6}{6:1}{1:3}{3:3}{3:3}")

코파일럿은 다음 문서의 행이 bad 버전을 나타내야 한다고 제안했다. 거의 '인간적으로' 보인 제안이지만 제안된 bad 패턴은 good 패턴과 동일해 다음과 같이 추가로 수정했다.

> # and bad "{1:3}{3:3}{6:1}{1:3}{3:3}{3:6}{3:3}"
> # The pattern is a string of numbers, separated by colons,
> # between brackets.
>
> # (그리고 bad "{1:3}{3:3}{6:1}{1:3}{3:3}{3:6}{3:3}"
> # 패턴은 숫자로 구성된 문자열이며, 각 숫자는 괄호 안에서 콜론으로 분리된다.)

필자는 코파일럿의 제안을 수정해 다시 한 번 bad 패턴에 대한 주석을 제공하고 다음 설명 행을 추가했다. 제안된 주석은 잘못된 것이 아니며 인간적이다. 하지만 코파일럿은 수정한 프롬프트를 수용한 후 다음과 같은 제안 루프에 빠졌다.

```
# The pattern is repeated, separated by curly brackets.
# The pattern is repeated, separated by curly brackets.
# The pattern is repeated, separated by curly brackets.
# (패턴은 반복되며, 중괄호로 구분된다.)
[... 무한 반복 ...]
```

프롬프트를 더 잘 작성할 수 있겠지만 필자는 그 방법을 찾지 못하고 다음과 같이 시도했다.

```
# Match a pattern of dominoes in a linear row.
# (한 행에 있는 도미노의 패턴을 매치하라.)
def match_pattern(pattern, row):
    # Create a regular expression from the pattern.
    # (패턴에서 정규표현식을 생성하라.)
    regex = re.compile(pattern, re.IGNORECASE)
    # Search the row for the pattern.
    # (해당 패턴의 행을 검색하라.)
    match = regex.search(row)
    # Return the match.
    # (매치를 반환하라.)
    return match
```

대단히 무의미한 일이었다. 필자는 함수 앞에 오는 초기 주석만 제공했고 코파일럿이 초기 주석 이후부터 시작해 코드를 작성했지만(함수 본문 내의 인라인inline 주석 포함) 이 파이썬 코드는 매치하는 것이 너무나도 단순하여 .search() 또는 match() 메서드를 직접 사용하는 것이 훨씬 낫다.

대신 코파일럿은 테스트 케이스를 제공한다는 점에서 유용했다. 필자가 별도의 주석을 작성하지 않았지만 코파일럿은 다음과 같이 테스트 케이스를 작성했다.

```
# Test the match_pattern function.
# (match_pattern 함수를 테스트한다.)
def test_match_pattern():
    assert match_pattern("dominoes", "I love playing dominoes")
    assert match_pattern("dominoes", "I love playing Dominoes")
    assert match_pattern("dominoes", "I love playing dominoes with my friends")
    assert match_pattern("dominoes", "I love playing Dominoes with my friends")
    assert match_pattern("dominoes", "I love playing dominoes with my friends")
    assert match_pattern("dominoes", "I love playing Dominoes with my friends")
    # [...]
```

다만 코파일럿이 작성한 테스트는 퍼즐과 전혀 관련이 없다. 그저 이전 주석에서 'dominoes'라는 단어를 찾아서 사용한 것뿐이다. 이번 퍼즐은 인간이 승리한 것으로 하자.

 08 고급 도미노

유니코드의 코드 포인트로서 매치하는 도미노들을 식별하라

퍼즐 7에서 봤듯이 도미노 타일마다 유니코드 문자가 할당되어 있다. 이전 퍼즐에서는 타일의 특정한 시퀀스(ASCII 시퀀스로 표현되는)가 승리 플레이에 해당하는지 평가해봤다. 이때 ASCII 표현의 내부 구조를 활용한 지름길을 선택했다.

도미노 타일은 유니코드 문자와 쉽게 일치시킬 수 있다. 예를 들어 다음 패턴은 모든 (수평) 타일의 선형 시퀀스와 일치한다.

```
[\N{Domino Tile Horizontal-00-00}-\N{Domino Tile
    Horizontal-06-06}]+)
```

이 시퀀스의 대부분은 승리 패턴이 아니다. 퍼즐 7에서 사용했던 승리 및 패배 패턴을 다시 살펴보자.

- 승리:

□ □ □ □ □ □ □

- 패배:

□ □ □ □ □ □ □

이번 퍼즐은 두 가지 방법으로 간소화하겠다. 첫째, 입력하기 어렵고 읽기도 힘든 타일 아이콘 대신 ASCII 문자를 사용한다. 타일 끝에 숫자 1에서 6까지 있는 타일은 정확하게 36개다. 우연히도 숫자와 영어 대문자 수를 합한 수와 일치한다(숫자 10, 대문자 26).

둘째, 36개 타일 중 네 개만 사용해 더욱 단순화하겠다. 각 타일에 다음과 같은 ASCII 표현을 부여하자. 문자들 덕분에 쉽게 기억할 수 있는 것은 아니지만 적어도 입력하기는 쉽다.

코드 포인트	이름	대체 문자
U+1F03B	Domino Tile Horizontal-01-03	A
U+1F049	Domino Tile Horizontal-03-03	B
U+1F04C	Domino Tile Horizontal-03-06	C
U+1F05C	Domino Tile Horizontal-06-01	D

이 인코딩을 사용해서 승리/실패를 표현하면 다음과 같다.

```
win = 'ABCDABB'
lose = 'ABDABCB'
```

플레이 길이에는 제한이 없으므로 네 개 유형의 타일을 무제한으로 사용할 수 있다. 모든 승리 및 패배 플레이를 구분하는 정규표현식을 작성하자. 타일 기호 집합 외의 모든 문자는 자동으로 패배가 된다.

저자 생각) **다이어그램에 관한 생각은 항상 즐겁다**

타일 집합의 크기가 크면 클수록 승리 플레이에 매치하려면 더 긴 정규표현식이 필요하다. 이 원칙은 더 많은 타일, 심지어 모든 타일을 사용하는 경우에도 동일하다.

우선 각 타일이 다른 타일의 일부인 특정 하위 집합의 타일로 이어지도록 하는 것이다. 즉 현재 타일의 끝과 같은 숫자의 점으로 시작하는 타일이다. 물론 주어진 타일이 플레이의 끝이 될 수 있기 때문에 전방 탐색 패턴에 해당 옵션을 포함시켜야 한다. 또한, 처음에 매치 패턴이 시작하고 마지막에 끝나도록 하려면 ^와 $를 포함해야 한다.

```
>>> win = 'ABCDABB'
>>> lose = 'ABDABCB'
>>> pat = r'^(A(?=$|[BC])|B(?=$|[BC])|C(?=$|D)|D(?=$|A))+$'
>>> re.search(pat, win)
<re.Match object; span=(0, 7), match='ABCDABB'>
>>> re.search(pat, lose) or "No Match"
'No Match'
```

AI 생각) **얼마나 많은 독자가 튜링 테스트를 통과할 수 있을까?**

도미노를 다른 방식으로 인코딩한 문제에서 코파일럿은 유의미한 답변을 내놓지 못했다. 집필 시점을 기준으로 하면 ChatGPT가 만드는 결과가 더 좋다.

먼저 다음과 같은 프롬프트를 제시했다.

> Write a Python program that identifies whether a string is valid. The alphabet is ABCD. In a valid string, A may be followed by B or C. B may be followed by B or C. C may be followed by D. And D may be followed by A. All other strings are invalid.
>
> (ABCD 알파벳으로 구성된 문자열이 유효한지 확인하는 파이썬 프로그램을 작성하라. 유효한 문자열에서 A 뒤에는 B 또는 C가, B 뒤에는 B 또는 C가, C 뒤에는 D가 올 수 있다. 그리고 D 뒤에는 A가 올 수 있다. 이 밖의 문자열은 유효하지 않다.)

상세하고 명확한 프롬프트다.

ChatGPT는 질문에 대해 다음과 같은 if 문으로 답했다. 상당히 좋은 대답이지만 if 문으로 구성된 15~20행 함수에만 해당할 뿐이다.

```
# Check if the current character is 'A' and the
# next character is not 'B' or 'C'.
# (현재 문자가 'A'이고 다음 문자가 'B' 또는 'C'가 아닌지 확인한다.)
if c == 'A' and n != 'B' and n != 'C':
    return False
```

AI는 물어본 것에 대해서만 대답한다. 답변은 인상적(일반적인 경우처럼 테스트 케이스와 논의를 포함한다)이지만 거의 문장에서 제시한 단계를 그대로 따를 뿐이다.

그래서 이전 프롬프트에 'Use regular expressions to give a more compact solution(정규표현식을 사용하여 더 간결한 솔루션을 제공하라)'을 추가해 좀 더 구체적인 결과를 요구했다. ChatGPT 답변은 다음과 같았다.

 Here is a solution using regular expressions:

(다음은 정규표현식을 사용한 해결책이다.)

```
import re

def is_valid(s):
```

---

14 https://www.ietf.org/rfc/rfc2119.txt

```python
    # Use a regular expression to check if the string is valid.
    # (정규표현식을 사용하여 문자열이 올바른지 확인한다.)
    return bool(re.fullmatch(r'(A(B|C)|B(B|C)|C(D)|D(A))*', s))

# Test the function.
# (함수를 테스트한다.)
print(is_valid('AB')) # True
print(is_valid('AC')) # True
print(is_valid('BB')) # True
print(is_valid('BC')) # True
print(is_valid('CD')) # True
print(is_valid('DA')) # True
print(is_valid('AA')) # False
print(is_valid('BD')) # False
print(is_valid('CC')) # False
print(is_valid('DC')) # False
print(is_valid('DE')) # False
```

This program uses the re module to check if the input string is a valid string according to the rules you specified. The regular expression r'(A(B|C)|B(B|C)|C(D)|D(A))*' matches any string that consists of zero or more repetitions of the following patterns:

(이 프로그램은 re 모듈을 사용해서 입력 문자열이 여러분이 지정한 규칙을 기준으로 유효한 문자열인지 확인한다. 정규표현식 r'(A(B|C)|B(B|C)|C(D)|D(A))*'은 다음 패턴이 0개 이상 반복되는 것을 포함한 문자열과 일치한다:)

- A(B|C): An A followed by a B or a C
- B(B|C): A B followed by a B or a C
- C(D): A C followed by a D
- D(A): A D followed by an A

If the input string matches this regular expression, the re.fullmatch() function returns a match object. Otherwise, it returns None. The bool() function converts the match object to True or False depending on whether a match was found.

(입력 문자열이 이 정규표현식과 일치하면 re.fullmatch() 함수는 일치한 객체를 반환하며 일치하지 않으면 None을 반환한다. bool() 함수는 매치 객체를 True나 False로 변환하여 매치 발견 여부를 나타낸다.)

최고의 AI들이 답변한 것과 마찬가지로 ChatGPT 역시 매우 우수한 답변을 했지만 동시에 잘못된 답변을 했다. ChatGPT의 답변은 무엇이 잘못되었는지 놓칠 수 있을 정도로 훌륭하다. 필자도 30초 정도 생각해야 했다.

ChatGPT 함수의 성공적인 모든 매치는 짝수 개수의 문자에만 유효하다. AI가 제안한 정규표현식은 허용 가능한 쌍 중에서 서로 배타적인 것을 찾는다. 그러나 필자가 작성한 프롬프트를 주의 깊게 읽었다면 쌍이 배타적이라고 가정하면 안 되며, 문자열 길이가 짝수일 필요도 없다. 앞선 예시에서 제시한 '승리'와 '패배' 문자열은 모두 홀수 길이이므로(ABCDABB와 ABDABCB), is_valid()에서 자동으로 실패한다. 심지어 짝수 길이의 문자열인 경우에도 AI 패턴은 너무나도 관대하게 일치시킨다.

```
>>> is_valid('ABCDDA')
True
```

필자가 사용한 전방 탐색 하위 패턴이 이번 퍼즐을 해결하는 유일한 방법은 아니지만 주어진 문자가 유효한 접두사와 접미사인지 확인해야 한다. 두 번의 패스로 해결할 수 있는 방법은 ChatGPT의 접근 방식을 s[:-1]과 s[1:]에 적용하는 것이다. 다만 작동은 하지만 단일 정규표현식 호출은 아니다.

센서 아트

상태 시퀀스에서 유효하게 인코딩된 신호들만 식별하라

가상의 데이터 형식에서는 두 상태 시스템 사이의 **상태 전이**state transition를 문자열로 나타낸다. 예를 들어 전기 센서 상태라면 각 문자열은 일정 지속 시간 동안의 신호signal를 나타낸다. 신호는 임의의 시간 동안 높은 상태 또는 낮은 상태를 가질 수 있다. 또한, 두 상태 사이의 전환은 빠른 또는 느린 상태일 수 있지만, 상태 전이 후에는 적어도 하나의 시간 간격 이상 높은 또는 낮은 상태를 유지해야 한다.

이 형식에는 상태와 전이를 나타내고자 간단한 **ASCII 아트**ASCII art를 사용한 **니모닉**mnemonic 버전을 제공한다. 정규표현식에서는 많은 선 그리기 문자가 특별한 의미를 가지기 때문에 문자 기반 버전도 제공한다. 특수문자도 **이스케이프**escape할 수 있지만 패턴을 읽기 어렵게 만드는 단점이 있다.

다음은 유효한 시그널과 유효하지 않은 시그널의 예다.

```
valid_1a = "_/^^^\_/^|___|^\____|^^\__/"
valid_1b = "LuHHHdLuHFLLLFHdLLLLFHHdLLu"
valid_2a = "____/^^^^^^"
valid_2b = "LLLLuHHHHHH"

invalid_1a = "_^/^^^/__\_"
invalid_1b = "LHuHHHuLLdL"
invalid_2a = "|\/|"
invalid_2b = "FduF"
invalid_3a = "__/^^|__X__/"
invalid_3b = "LLuHHFLLXLLu"
invalid_4a = "|_^|__"
invalid_4b = "FLHFLL"
```

신호 valid_1a와 valid_1b는 동일한 측정 값을 나타낸다. L은 _(낮은 상태), u는 /(상승 전환), d는 \(하강 전환), H는 ^(높은 상태), F는 |(빠른 전환)에 대응한다. 마찬가지로 valid_2a와 valid_2b는 하나의 상태 변화만 갖는 간단하고 동일한 신호다.

유효하지 않은 신호도 다른 문자 옵션을 가진다. 신호 invalid_1a나 invalid_1b는 여러 가지 문제가 있다. 전환 없이 낮은 상태와 높은 상태가 인접해 있으며(허용되지 않음), 높은 상태에서 강제로 상승 전환을(허용되지 않음), 낮은 상태에서 하강 전환을 발생시킨다. invalid_2a와 invalid_2b의 주요한 문제는 전환 후에 상태가 없다(허용되지 않음). 그리고 신호 invalid_3a나 invalid_3b는 상태와 전환에는 이상이 없지만 잘못된 기호를 포함한다.

니모닉	문자	의미
-	L	낮은 상태
^	H	높은 상태
/	u	상승 전환
\	d	하강 전환
|	F	빠른 전환

지금부터 유효한 신호 문자열만 모두 일치시키면서 그 외의 문자열은 일치시키지 않는 정규표현식을 정의해보자. ASCII 또는 선 그리기linedraw 문자 중 하나를 선택해 문자 집합을 정의하라. 단 두 문자를 혼합하지 말아야 한다. 그리고 필요한 패턴을 찾아라. 즉 정규표현식이 이 테스트를 수행할 수 있는 충분한 기능을 가졌을 때만 동작하는 패턴을 찾아라.

 **저자 생각** **매치 패턴이 존재한다면 찾아라**

이번 퍼즐은 정규표현식을 사용해서 해결할 수 있다. 먼저 몇 가지 관찰 결과를 염두에 두어야 한다. 유효한 신호에 대한 규칙은 단 두 가지 제약 조건으로 구성된다.

- 모든 신호는 제한된 알파벳으로만 그려져야 한다.
- 기호의 이중음자digram 중 일부만 유효하다.

신호는 다섯 개의 알파벳으로 구성되기 때문에 총 25개의 이중음자를 만들 수 있다. 그러나 유효한 이중음자는 열 개분이다. 유효한 이중음자를 반복하여 일치시키고 싶을 수도 있지만 invalid_4와 같이 잘못된 결과를 불러올 수 있다. 기호 1과 2, 기호 3과 4는 유효한 이중음자를 만들 수 있다. 그러나 기호 2와 3은 유효한 이중음자가 아닐 가능성이 높다.

두 개의 기호를 전방 탐색하되 하나의 기호만 일치시켜야 한다. 또한, 정규표현식 엔진이 현재 신호에서 마지막 기호를 보고 있는 특수한 경우도 고려해야 한다. 해당 기호도 포함되어야 하기 때문이다. 따라서 '어떤 것이든 그 끝'의 대체 전방 탐색을 사용한다. 이때 '.' 와일드카드 문자를 사용할 수 있다. 반복할 때 이중음자는 전방 탐색 덕분에 이미 보장되기 때문이다.

patB는 ASCII 버전의 형식과 매치하는 패턴이고 patA는 특수문자를 이스케이프한 패턴이다. 정규표현식에서 특별한 의미를 갖는 특수문자를 이스케이프해야 하고 여러 기호를 사용하는 patA를 읽는 것이 훨씬 어렵다.

```
patB = (r'^(((?=LL|Lu|LF|HH|Hd|HF|uH|dL|FH|FL)'
        r'|(?=.$))[LHudF])+$')

patA = (r'^(((?=__|_/|_\||\^\^|\^||\^\\||/\^|\\_|\||\^|\|_)'
        r'|(?=.$))[_\^/\\\|])+$')
```

 AI생각 **내 마음은 움직이고 있어. 나는 느낄 수 있어**

이번 퍼즐은 바로 앞서 살펴봤던 도미노 타일의 단일 문자 표현과 대부분 매우 유사하다. 따라서 설명도 비슷하다. 마찬가지로 우선 정규표현식을 명시적으로 언급하지 않은 프롬프트를 시도해 합리적인 if 문 루프 블록을 얻었다.

정규표현식이라는 목표를 언급한 프롬프트는 다음과 같다.

> Write a Python function to identify whether a string matches a pattern. The pattern must have each _ followed by _, /, or |. The pattern must have each ^ followed by ^, \, or |. The pattern must have each / followed by ^. The pattern must have each \ followed by _. The pattern must have each | followed by _ or ^. All other patterns are prohibited. Use regular expressions to give a more compact solution.
>
> (문자열이 패턴과 일치하는지 확인하는 파이썬 함수를 작성하라. 패턴은 _ 다음에 _, / 또는 |가, ^ 다음에 ^, \ 또는 |가, / 다음에 ^가, \ 다음에 _가, | 다음에 _ 또는 ^가 이어져야 한다. 다른 패턴은 금지된다. 정규표현식을 사용해 간단한 해결책을 만들어라.)

ChatGPT 응답은 다음과 같았다.

Here is a function that uses regular expressions to follow the specified pattern:

(다음은 정규표현식을 사용해서 지정된 패턴을 확인하는 함수이다:)

```
import re

def matches_pattern(s):
    pattern = r"^(_(__|/|\|)|\^(\^|\\|\|\|)|\\_|/\^|\|(_|\^))*$"
    return bool(re.match(pattern, s))
```

Here is an example of how you can use this function:

(다음은 이 함수를 사용하는 예시이다:)

```
print(matches_pattern("_^\\|_"))  # True
print(matches_pattern("_^\\|"))   # False
print(matches_pattern("_^\\|__")) # False
```

ASCII 아트 버전의 인코딩을 사용하면 정규표현식은 앞서 제시한 해결책만큼 밀집되어 있다. 패턴의 많은 문자는 평이한 문자나 문자 클래스가 아니므로 이스케이프된다.

다소 복잡하게 밀집된 이스케이프 처리를 통해 ChatGPT가 생성한 예제에서도 굉장히 잘못된 부분을 거의 바로 알아챌 수 있다. False를 반환해야 할 두 가지 경우는 제대로 된 결과가 나오지만 True 주석이 달린 경우도 False를 반환해야 한다. 상징적인 ASCII 아트 형식은 적절한 종류의 전환 문자를 사용하여 상승 또는 하강해야 한다. 예를 들어 _^\\|_는 해당하지 않지만 테스트에서는 이를 True라고 주장한다.

이때 퍼즐에서 처음에 제시된 테스트 케이스를 시도해볼 수 있다.

```
>>> matches__pattern("_/^^^\_/^|___|^\____|^^\__/")  ◄─────── True여야 한다.
False
>>> matches_pattern("____/^^^^^^")  ◄─────── True여야 한다.
True
```

```
>>> matches_pattern("_^/^^^/__\_")                                          False여야 한다.
False
>>> matches_pattern("|\/|")                                                 False여야 한다.
False
>>> matches_pattern("__/^^|__X__/")                                         False여야 한다.
False
>>> matches_pattern("|_^|__")                                               False 여야 한다.
False
```

AI 패턴은 잘못된 경우보다 올바른 경우가 많다. 하지만 True 케이스보다 False 케이스를 더 많이 테스트하기 때문에 올바른 경우를 보는 것이 더 적다.

re.VERBOSE 형식으로 패턴을 명확하게 표시하면 ChatGPT의 일부 잘못된 부분을 이해할 수 있다.

```
>>> pat = re.compile("""
... ^(_                # Begin with underscore (언더스코어로 시작한다.)
...    (__|/|\|)       # then "__", "/" or "|" (그 뒤 "__", "/" 또는 "|")
...    |               # or...                 (또는...)
...    \^              # a circumflex ""^"      (하나의 곡절 부호 "^")
...     (\^|\\|\|)     # then "^", "\", or "|" (그 뒤 "^", "\" 또는 "|")
...     |              # or...                 (또는...)
...     \\_|/\^|\|     # "\_", "/^", or "|"    ("\_", "/^" 또는 "|")
...     (_|\^)         # "_" or "^"            ("_" 또는 "^")
... )*$                # Zero or more of all that until end.
                       (앞의 패턴이 마지막까지 0번 이상 반복된다.)
... """, re.VERBOSE)
```

패턴은 처음부터 시작해 0번 이상 반복되며 마지막에 끝나야 한다. 첫 번째 문자가 낮은 상태(_)일 필요는 없다. 또한, 낮은 상태로 시작하는 패턴도 두 개의 낮은 상태는 필요하지 않다. 전이를 허용하지 않거나 느린 상승(/) 혹은 빠른 상승(|) 중 선택된 것이 올바른 경우 하나의 낮은 상태만 계속될 수도 있다.

그러나 ChatGPT는 전이 없이 높은 상태(^)로 바로 이동하는 것을 제안하며 이것이 반복된다. 굉장히 형편없는 대답이지만 곳곳에서 그럴 듯한 느낌을 주는 것도 사실이다.

4

정규표현식을 사용해서
함수 생성하기

CHAPTER 4

Creating functions
using regexen

파이썬뿐만 아니라 다른 프로그래밍 언어에서도 정규표현식을 인라인으로 반복하는 대신 작은 함수로 감싸고 싶을 수 있다. 지금부터 그 방법을 알아보자.

str.count() 재구현하기

정규표현식을 사용해 str.count()와 등가인 함수를 작성하라

파이썬 메서드인 str.count()는 긴 문자열 안에서 하위 문자열을 검색하는 데 매우 유용하다. 다음은 많은 사람이 흔히 작성하는 코드 중 하나다.

```
# Lyric from song "Hot Knife" by Fiona Apple
# (피오나 애플(Fiona Apple)의 노래 <Hot Knift(핫 나이프)> 가사 중에서)
>>> s = """If I'm butter, if I'm butter
If I'm butter, then he's a hot knife
He makes my heart a CinemaScope screen
Showing the dancing bird of paradise
"""
>>> s.count('e')
15
>>> s.count('tt')
3
```

파이썬이 str.count() 같은 메서드를 제공하지 않고 여러분이 직접 정규표현식을 사용해 유사한 함수를 구현한다고 가정해보자. 해당 함수의 특징은 다음과 같을 것이다.

```
def my_count(substring: str, string: str) -> int:
    # re.sub(..., ...) # maybe something like this? (아마도 이런 형태일까?)
    ...
```

정규표현식으로 어떻게 하위 문자열의 출현을 셀 수 있을까?

파이썬의 re 모듈이 제공하는 두 개의 함수가 유용할 것 같다. re.sub() 함수는 한 패턴을 다른 것과 교체하며 다음과 같은 해결책을 만들 수 있다.

```
>>> def my_count(substring, string):
...     return len(re.sub(fr"[^{substring}]", "", string))
>>> my_count('e', s)
15
>>> my_count('tt', s) # Oops, this goes wrong. (이런, 이것은 잘못되었다.)
10
```

굉장히 나쁜 시도다. 단일 문자는 잘 세지만 큰 부분 문자열은 혼란스럽게 생각한다. 이 예시에서 문자 클래스의 반전은 [^tt]이며 이는 단순히 t가 아니라는 것을 나타낸다. 즉 tt가 아닌 t를 센 것이다. 부분 문자열이 같은 문자가 두 번 반복되는 것이 아니라도 패턴 안의 개별 문자를 세어야 한다.

조금 더 복잡한 정규표현식으로 수정할 수 있지만(이 방법은 보너스 퍼즐로 생각하자) 여기에서는 re.findall()로 더욱 쉽게 해결하겠다.

```
>>> def my_count(substring, string):
...     return len(re.findall(substring, string))
>>> my_count('e', s)
15
>>> my_count('tt', s)
3
```

AI 생각 **특별한 기계**

이번 퍼즐은 AI에게 상당히 쉬운 문제다. ChatGPT에 질문하니 필자가 직접 작성한 함수와 거의 동일한 함수를 생성했다.

Here is a function that uses regular expressions to count the occurrences of a substring within a string:

(다음은 정규표현식을 사용해 문자열 내 하위 문자열의 출현을 세는 함수이다:)

```
import re

def count_substring(string, substring):
    """
    Count the number of occurrences of a substring within a
    string using regular expressions.
    """
    # (정규 표현식을 사용해서 문자열 안에서
    # 하위 문자열이 출현하는 횟수를 센다.)
    pattern = re.compile(substring)
    return len(pattern.findall(string))
```

안타깝게도 ChatGPT가 제공한 예제는 잘못되었다. 그러나 잘못된 예시 바로 뒤에 문제를 해결하는 대안을 제공했다.

You can use this function like this:

(이 함수는 다음과 같이 사용할 수 있다:)

```
string = "The quick brown fox jumps over the lazy dog."
substring = "the"
count = count_substring(string, substring)
print(count) # Output: 2
```

Note that this function is case-sensitive, so 'the' and 'The' will be treated as separate substrings. If you want to perform a case-insensitive search, you can pass the re.IGNORECASE flag as the second argument to re.compile().

(이 함수는 대소문자를 구분하기 때문에 'the'와 'The'는 다른 문자열로 취급한다. 대소문자 구분이 없는 검색을 하려면 re.IGNORECASE 플래그를 re.compile()의 두 번째 인수로 전달하라.)

```
pattern = re.compile(substring, re.IGNORECASE)
```

만약 초기 해결책에서 re.I 플래그를 사용했다면 ChatGPT의 제안은 제대로 된 사용법이다. 하지만 코파일럿은 이 부분에서 제대로 된 답변을 내놓지 못하고, **설명 루프**explanatory loop에 갇히고 만다. 문제를 명확하게 하는 추가적인 주석은 계속 제공하지만 실제 코드는 생성하지 못한다.

필자가 코파일럿에 제공한 프롬프트는 다음과 같았다.

Write a function that uses regular expressions to count the occurrences of a substring within a string.

(정규표현식을 사용하여 문자열 내에서 부분 문자열의 출현 횟수를 세는 함수를 작성하라.)

다음과 같은 주석을 응답으로 받았다. 모두 맞는 주석이긴 하지만 안타깝게도 특별히 유용한 주석은 아니다.

```
# The function should take two arguments: the substring and the string.
# (이 함수는 두 개의 인자를 받는다: 하위 문자열과 문자열)
# The function should return the number of occurrences of
# the substring in the string.
# (이 함수는 문자열 안의 하위 문자열의 출현 횟수를 반환해야 한다.)
# For example, the string "The quick brown fox jumps over
# the lazy dog" contains the substring "the" 2 times.
# (예를 들어 "The quick brown fox jumps over the lazy dog"이라는 문자열은
#  하위 문자열 "the"를 두 번 포함한다.)
# The string "The quick brown fox jumps over the lazy dog"
# contains the substring "fox" 1 time.
# ("The quick brown fox jumps over the lazy dog"이라는 문자열은
#  하위 문자열 "fox"를 한 번 포함한다.)
# The string "The quick brown fox jumps over the lazy dog"
# contains the substring "dog" 1 time.
# ("The quick brown fox jumps over the lazy dog"이라는 문자열은
#  하위 문자열 "dog"를 한 번 포함한다.)
# The string "The quick brown fox jumps over the lazy dog"
# contains the substring "cat" 0 times.
# ("The quick brown fox jumps over the lazy dog"이라는 문자열은
#  하위 문자열 "cat"을 0번 포함한다.)
```

```
# The string "The quick brown fox jumps over the lazy dog"
# contains the substring "fox jumps" 1 time.
# ("The quick brown fox jumps over the lazy dog"이라는 문자열은
#   하위 문자열 "fox jumps"를 한 번 포함한다.)
[...]
```

코파일럿은 질문에 대해 별다른 고민을 하지 않은 것 같은 답변을 내놓았다. 게다가 코파일럿의 여러 제안을 팝업pop up하는 **키 스트로크**keystroke를 사용해도 코파일럿은 본질적으로 유사한 제안, 즉 코드는 없고 주석만 있는 제안을 보여준다.

str.count() 재구현하기(더욱 엄격하게)

숫자 변수를 사용하지 않고 str.count()에 해당하는 함수를 작성하라

퍼즐 10은 정규표현식으로 str.count()를 재구현했다. 그러나 필자가 제안한 해결책, 그리고 여러분이 직접 만들어낸 대부분 해결책은 궁극적으로 원본 문자열에 대해 len()을 활성화하는 것(일치하는 수를 세기 위해서)으로 끝날 것이다.

이번 퍼즐에서도 len() 함수가 없다고 가정하겠다. 예를 들어 순회 가능한iterable한 루프를 돌면서 하위 문자열을 발견했을 때 카운터를 증가시키는 방식으로 동등한 함수를 구현하지 말라. 즉 여러분이 구현한 함수는 숫자 변수나 값을 사용해서는 안 된다.

우리가 원하는 결과는 숫자가 아니라 횟수를 나타내는 문자열이다. 물론 문제를 단순화하고자 하위 문자열이 아니라 단일 문자만 센다고 가정할 수 있는데, 여기서 더 단순화하기 위해 입력 문자열이 배타적인 뉴클레오티드 기호만으로 이루어진다고 가정하자(이를 일반화하기는 너무 어렵다). 해결책은 다음과 비슷하다.

```
>>> def let_count(char: str, string: str) -> str:
...     # maybe a while loop, some calls to re.something().
        # (while 문에서 re.something()을 호출할 수도 있다.)
        ...
```

이 함수로 염색체를 세면 결과는 다음과 같다.

```
>>> mRNA = '''
GGGAAATAAGAGAGAAAAGAAGAGTAAGAAGAAATATAAGACCCCGGCGCCGCCACCAT
GTTCGTGTTCCTGGTGCTGCTGCCCCTGGTGAGCAGCCAGTGCGTGAACCTGACCACCC
GGACCCAGCTGCCACCAGCCTACACCAACAGCTTCACCCGGGGCGTCTACTACCCCGAC
AAGGTGTTCCGGAGCAGCGTCCTGCACAGCACCCAGGACCTGTTCCTGCCCTTCTTCAG
CAACGTGACCTGGTTCCACGCCATCCACGTGAGCGGCACCAACGGCACCAAGCGGTTCG
ACAACCCCGTGCTGCCCTTCAACGACGGCGTGTACTTCGCCAGCACCGAGAAGAGCAAC
ATCATCCGGGGCTGGATCTTCGGCACCACCCTGGACAGCAAGACCCAGAGCCTGCTGAT
CGTGAATAACGCCACCAACGTGGTGATCAAGGTGTGCGAGTT
'''
>>> let_count('G', mRNA)
'120'
>>> let_count('C', mRNA)
'152'
>>> let_count('T', mRNA)
'74'
>>> let_count('A', mRNA)
'109'
```

💬 저자생각 주어진 제약을 만족하는 파이썬 함수를 작성하라

다소 어려운 퍼즐이지만 해결할 수 있다. 이 퍼즐은 놀랍게도 어떤 숫자도 포함하지 않고 해결 가능하다. 카운터도 없고 정수 변수도 없으며 숫자를 반환하는 파이썬 함수도 없다. 또한, 파이썬의 문자열 메서드도 필요 없다. 그런데도 정규표현식으로 수행되는 일부는 문자열 메서드보다 더 간단하게 표현할 수 있다. 함수는 파이썬 루프를 따라(하지만 숫자에 대해서가 아니라) 정규표현식 동작만 수행한다.

루프는 두 개의 **센티널**sentinel을 교대로 사용했다. 10의 특정 제곱수의 항목 수나 다음 제곱수의 항목 수를 나타낸다. 딕셔너리는 해당하는 숫자의 센티널을 0에서 9까지 반복하며 나머지 문자열은 변경하지 않는다.

```
# Group 1: zero or more leading @'s
# Group 2: some specific number of _'s
# Group 3: anything until end; digits expected
# (Group 1: 0개 이상의 앞에 오는 @
# Group 2: 특정한 개수의 _
# Group 3: 문자열 끝까지의 모든 것; 숫자가 기대됨)
counter = {
    r'(^@*)(_____)(.*$)': r'\g<1>9\g<3>',
    r'(^@*)(_____)(.*$)': r'\g<1>8\g<3>',
    r'(^@*)(_____)(.*$)': r'\g<1>7\g<3>',
    r'(^@*)(_____)(.*$)': r'\g<1>6\g<3>',
    r'(^@*)(_____)(.*$)': r'\g<1>5\g<3>',
    r'(^@*)(____)(.*$)': r'\g<1>4\g<3>',
    r'(^@*)(___)(.*$)': r'\g<1>3\g<3>',
    r'(^@*)(__)(.*$)': r'\g<1>2\g<3>',
    r'(^@*)(_)(.*$)': r'\g<1>1\g<3>',
    r'(^@*)(_*)(.*$)': r'\g<1>0\g<3>'
}
```

첫 번째 단계는 대상 문자를 센티널에 매핑하는 것이다. 일반적인 정규표현식 패턴을 동일한 센티널에 매핑하도록 메인 함수를 쉽게 확장할 수 있다.

다음은 두 개의 센티널(_와 @)을 사용했다. 초기 문자열과 충돌이 우려된다면 전체 평면의 일부 유니코드 코드 포인트나 개인적인 코드 포인트를 사용해도 좋다.

```
def let_count(c, s):
    # First lines only convert single char to sentinel,
    # but could be generalized to any regex pattern.
    # Remove everything that is not the target character.
    # (첫 번째 라인들은 단일 문자를 센티널로 변환한다.
    # 하지만 어떤 정규표현식 패턴으로든 일반화될 수 있다.
    # 대상 문자가 아닌 것은 모두 제거한다.)
    s = re.sub(fr'[^{c}]', '', s)
    # Convert the target to the underscore sentinel
    # (대상을 언더스코어 센티널로 변환한다.)
    s = re.sub(fr'{c}', '_', s)
```

```
# Loop indefinitely: do not know number digits needed.
# (무한 루프: 필요한 숫자의 수를 알지 못한다.)
while True:
    # Ten underscores become an @ sign.
    # (열 개의 언더스코어가 하나의 @ 기호가 된다.)
    s = re.sub(r'_____', '@', s)
    for k, v in counter.items():
        # Replace trailing underscores with a digit.
        # (뒤에 오는 언더스코어들을 하나의 숫자로 바꾼다.)
        new = re.sub(k, v, s)
        # Some pattern matched, so exit the loop.
        # (일부 패턴이 매치했으므로, 루프에서 벗어난다.)
        if new != s:
            s = new
            break
    # If we have only digits, we are done.
    # (한 자리 숫자만 갖는다면 완료다.)
    if re.match(r'^[0-9]*$', s):
        return s
    # Convert from "unprocessed" to "todo" sentinels.
    # ("처리되지 않은" 센티널을 "처리해야 할" 센티널로 변환한다.)
    s = re.sub('@', '_', s)
```

(AI 생각) HORAR의 전쟁

너무나도 사람 같은(하지만 실제로는 그렇지 않은) AI 코딩 어시스턴트는 겉으로 보면 현명한 무언가를 만들어내고 누군가가 제공하는 프롬프트를 잘 따른다.

필자가 제시한 문자열 수를 세는 문제의 해결책인 'regex only(정규표현식으로만 이루어진)'는 불필요하게 복잡하다. ChatGPT가 필자와 비슷하게 답한다면 기쁘기보다 오히려 실망스러울 것이다. 그런데 ChatGPT는 필자가 제안한 제한 요소를 영리하게 따르면서 문제 해결 방법을 제시했다. ChatGPT의 답변을 본 필자는 매우 기뻤다. 다음은 필자가 작성한 프롬프트다.

Write a Python function that uses regular expressions to count the occurrences of a substring within a string. Do not use the len() function or a loop to count the length of an iterable.

(정규표현식을 활용해 문자열 안에서 하위 문자열의 출현 횟수를 세는 파이썬 함수를 작성하라. len() 함수나 루프로 이터러블 길이를 세면 안 된다.)

ChatGPT는 다음과 같이 답변했다.

Here is a function that uses regular expressions to count the occurrences of a substring within a string, without using the len() function or a loop:

(다음은 len() 함수나 루프를 사용하지 않고 문자열 내 하위 문자열의 출현 횟수를 세는 정규표현식을 사용한 함수다:)

```python
import re

def count_substring(string, substring):
    """
    Count the number of occurrences of a substring within a
    string using regular expressions.
    """
    # (정규표현식을 사용해서 문자열 안에서
    # 하위 문자열이 출현하는 횟수를 센다.)
    pattern = re.compile(substring)
    match = pattern.search(string)
    if match:
        return 1 + count_substring(string[match.end():], substring)
    return 0
```

This function takes two arguments: string is the string to search in, and substring is the substring to search for. Thew function first compiles a regular expression pattern from the substring using the re.compile() function. The search() method is then used to find the first occurrence of the pattern in the string. If a match is found, the function recursively calls itself on the portion of the string after the end of the match, and adds 1 to the count. If no match is found, the function returns 0.

> (이 함수는 두 개의 인수를 받는다. string은 검색할 문자열, substring은 찾아낼 하위 문자열이다. 먼저 re.compile() 함수로 substring에 정규표현식 패턴을 컴파일한다. 그다음 search() 메서드로 string에서 패턴의 첫 번째 출현을 찾는다. 매치하는 항목을 찾으면 매치하는 항목 끝부분 이후의 string 부분에 대해 재귀적으로 자신을 호출한 후 카운트에 1을 추가한다. 매치하는 항목을 찾지 못하면 함수는 0을 반환한다.)

ChatGPT는 퍼즐 10에서 답변했던 것과 마찬가지로 계속해서 잘못된 예시를 보여주지만, 이어서 대소문자를 구분하지 않고 일치하는 것을 찾도록 검색하는 함수의 수정 방법도 알려준다 (예제에서 이미 전제되었다고 가정한다).

이번 퍼즐에서는 ChatGPT에 상을 줘도 될 정도로 만족스러운 답변을 받았다. 퍼즐에 대한 지시 사항을 완벽하게 따랐고 필자의 해결책보다 훨씬 덜 복잡한 답변이었다.

퍼즐 12 함수 이름 찾기

함수에 일반적인 이름이 아닌 의미 있는 이름을 지어라

예전에 있던 프로젝트 멤버가 작성했고 옮겨진 지 오래되어 더 이상 사용할 수 없는 코드를 만났다고 가정해보자. 이 코드는 **단위 테스트**unit test와 **통합 테스트**integration test를 통과하기 때문에 제대로 작동한다. 하지만 유용한 이름이나 적절한 문서를 갖고 있지 않을 수 있다.

```
def is_something(s):
    return re.match(r'^(.+?)\1+$', s)
```

이번 퍼즐에서는 미래의 프로그래머를 위해 함수에 적절한 이름과 **독스트링**docstring을 제공해 보겠다.

코드는 처음 작성되었을 때보다 훨씬 더 많이 읽힌다

퍼즐 12의 답은 다양하다. 우리는 정규표현식이 무엇을 하는지 이해하는 것이 핵심이기 때문에 정규표현식을 사용해 답을 찾아보자. 짧은 정규표현식 패턴이 이상해 보일 수 있지만 우선 그 의미를 파악해야 한다. 다음의 예를 보자.

```python
def repeated_prefix(s):
    """Look for any prefix string in 's' and match only if
    that prefix is repeated at least once, but it might be
    repeated many times. No other substring may occur
    between the start and end of the string for a match.
    """
    # (문자열 's' 앞의 모든 접두사를 보고, 해당 접두사가 한 번
    # 이상 반복되면 매치시킨다. 매치하는 부분 문자열의 시작과 끝
    # 사이에는 다른 부분 문자열이 존재하지 않는다.)
    return re.match(r'^(.+?)\1+$', s)
```

AI생각 **컴퓨터 과학에는 두 가지 어려운 문제가 있다**

프로그래밍 세계에 돌고 도는 농담이 있다. "컴퓨터 과학에는 두 가지 어려운 문제가 있다. 캐시 무효화cache invalidation, 이름 짓기naming things, 그리고 오프바이원 오류off-by-one error다."[15] AI 코딩 어시스턴트는 이름 짓기에 도전했지만 아직 인간의 능력을 넘어서지는 못했다. AI 코딩 어시스턴트가 이름 짓기를 잘 수행했다고 언급한 다른 개발자들의 글도 읽어봤지만 결과는 뒤죽박죽이었다.

코파일럿을 활성화한 편집기에 is_something() 함수를 붙여 넣고 독스트링으로 소개할 문자열에 인용 부호만 입력해 코파일럿에 질문하니 다음과 같이 답했다.

---

15 [옮긴이] 실제로 넷스케이프(Netscape)의 프로그래머 필 칼튼(Phil Karlton)은 "컴퓨터 과학에는 두 가지 어려운 문제가 있다. 캐시 무효화, 이름 짓기다"라고 말했다. 여기에 경계 조건 판정과 관련된 논리 오류, 즉 두 가지 문제라고 했으나 언급한 건 세 가지 문제인 것처럼 많은 프로그래머가 흔히 겪는 상황을 농담처럼 한 말이다.

```
def is_something(s):
    # Return True if s is a string of the same character repeated at least once.
    # (s가 동일한 문자가 한 번 이상 반복되는 문자열이면 True를 반환한다.)
    return re.match(r'^(.+?)\1+$', s)
```

부분적으로는 참인 설명이다. 우리는 실제로 반복되는 단일 문자를 일치시킬 수 있지만 생성된 주석은 접두사가 전체 반복되는 경우에도 매치한다는 점을 포착하지 못한다.

함수의 이름 짓는 것을 ChatGPT에 요청하면 상당히 좋은 이름을 제안한다. 다만 ChatGPT 제안은 교과서나 위키피디아 같은 글에는 적합할지 몰라도 is_something()이 구체적으로 수행하는 동작의 의미를 설명하지는 못한다.

퍼즐 13 포커 플레이 1

앞으로 나올 퍼즐을 위해 적절하게 정규표현식을 사용하는 기능을 만들어라

우리는 앞선 퍼즐에서 도미노를 재미있게 즐길 수 있었다. 이번에는 포커다. 이번 퍼즐을 포함한 몇 개의 퍼즐에서 포커를 즐겨보자. 플레이어는 다섯 장의 카드를 손에 들고 있으며, 두 장의 카드를 서로 비교한다. 몇 개의 퍼즐을 통해 다양한 질문에 답하는 함수를 만들면서 수행해보겠다.

가능한 정규표현식을 사용해 로직을 표현해야 한다. 하지만 몇몇 질문은 비정규표현식 코드가 필요하다. 먼저 다섯 장의 카드로 구성된 카드 패의 순위를 살펴보자. 카드 표현을 약간 단순화해서 인코딩한다. 예를 들어 10♥ 카드는 T♥로 나타내며, 각 카드는 두 문자의 조합으로 표시한다.

- 스트레이트 플러시straight flush: J♣ T♣ 9♣ 8♣ 7♣
- 포 카드four of a kind: A♥ 3♣ 3♥ 3♦ 3♣
- 풀 하우스full house: K♠ K♣ 6♥ 6♦ 6♣
- 플러시flush: J♦ 9♦ 6♦ 5♦ 2♦

- 스트레이트_{straight}: 9♦ 8♣ 7♣ 6♥ 5♣
- 트리플_{three of a kind}: Q♣ 8♣ 8♦ 8♣ 3♥
- 투 페어_{two pairs}: J♠ J♣ 9♥ 8♥ 8♦
- 원 페어_{one pair}: A♥ K♦ 4♣ 4♥ 3♠
- 하이 카드_{high card}: K♠ 9♥ 8♣ 4♥ 2♣

같은 종류의 카드는 다른 규칙이 적용되지만 지금 단계에서는 무시한다. 먼저 두 개의 지원 기능부터 작성한다. 첫째, prettify(hand) 함수를 작성한다. 쉽게 입력할 있는 문자인 S, H, D, C를 입력받아 유니코드 기호로 바꾼다.

둘째, 여러분이 가진 모든 카드가 내림차순으로 정렬되었는지 질문하는 함수를 작성한다. 에이스_{ace} 카드가 가장 높으며 무늬는 스페이드_{spades}, 하트_{hearts}, 다이아몬드_{diamonds}, 클로버_{clubs} 순으로 정렬된다. 두 번째 함수인 cardsort(hand)는 정규표현식보다 파이썬을 더 많이 사용한다. 만약 파이썬에 익숙하지 않다면 책에 실린 해결책을 읽기만 해도 괜찮다.

🗨️ 저자 생각) 함수들은 프로그램 규모가 클수록 도움이 된다

두 함수를 작성하는 데 정규표현식을 활용해야 하는 것은 아니지만 정규표현식을 사용할 기회가 있다. 먼저 모든 ASCII 버전의 카드 패를 유니코드 버전으로 변환한다. 변환 과정에서 카드 패가 유효한 다섯 장의 카드로 되어 있는지 확인한다.

```python
def prettify(hand):
    assert re.search(r'^([2-9TJQKA][SHDC] ?){5}$', hand)
    symbols = {'S': '\u2660', 'H': '\u2665',
               'D': '\u2666', 'C': '\u2663'}
    for let, suit in symbols.items():
        hand = re.sub(let, suit, hand)
    return hand
```

정렬에서는 거의 파이썬으로만 구성된 방법을 사용한다. 파이썬이 제공하는 정렬은 안정적이며 동등한 요소 사이에서는 순서가 변경되지 않는다. 따라서 무늬를 기준으로 정렬한 후에 숫자를 기준으로 정렬하면 올바른 정렬이 보장된다.

```python
def cardsort(hand):
    def by_num(card):
        map = {'T':'A', 'J':'B', 'Q':'C',
               'K':'D', 'A':'E'}
        num = card[0]
        return num if num not in 'AKQJT' else map[num]

    def by_suit(card):
        map = {'\u2663': 1, '\u2666': 2,
               '\u2665': 3, '\u2660': 4}
        return map[card[1]]

    hand = re.split(' ', hand)
    hand.sort(key=by_suit, reverse=True)
    hand.sort(key=by_num, reverse=True)
    return ' '.join(hand)
```

이를 조합한 결과는 다음과 같다.

```
>>> cardsort(prettify('8C AS 4H KS 2C'))
'A♠ K♠ 8♣ 4♥ 2♣'
```

이어지는 포커 퍼즐에서는 정규표현식이 더 많이 사용된다.

🤖 AI 생각 그는 내 포커페이스를 읽을 수 없다

이번 퍼즐은 일반적인 정규표현식 문제가 아니다. 하지만 코파일럿이 일반적인 프로그래밍 작업을 얼마나 잘 다루는지 알 수 있다. 필자는 함수 이전의 모든 주석 행을 작성했고, 코파일럿은 함수명과 인라인 주석 및 코드를 작성했다.

```
# Given a text that represents cards in a standard card deck.
# For example, a poker hand may be represented as "A♥ 4♠ 4♥ K♦ 3♠".
# The 10 of a suit is represented as "T", such as "T♠".
# This function sorts a hand in descending order by card rank.
# (표준 카드 덱의 카드를 나타내는 텍스트를 작성하라.
# 예를 들어 포커 패는 "A♥ 4♠ 4♥ K♦ 3♠"와 같이 표현될 수 있다.
# 10번 카드는 "T"로 나타내며 "T♠"와 같이 표현된다.
# 이 함수는 카드 패를 카드 순위에 따라 내림차순으로 정렬한다.)
def sort_hand(hand):
    # Create a dictionary that maps each card rank to its value.
    # (각 카드 순위와 그 값을 매핑하는 딕셔너리를 작성한다.)
    rank_values = {'A': 14, 'K': 13, 'Q': 12, 'J': 11, 'T': 10,
                   '9': 9, '8': 8, '7': 7, '6': 6, '5': 5,
                   '4': 4, '3': 3, '2': 2}
    # Create a list of tuples that maps each card to its rank value.
    # (각 카드를 그 순위 값에 매핑하는 튜플의 리스트를 생성한다.)
    card_values = [
        (rank_values[card[0]], card) for card in hand.split()]
    # Sort the list of tuples in descending order by rank value.
    # (튜플 리스트를 순위 값에 따라 내림차순으로 정렬한다.)
    card_values.sort(reverse=True)
    # Create a list of cards in descending order by rank value.
    # (카드 리스트를 순위 값에 따라 내림차순으로 정렬한다.)
    sorted_hand = [card for (value, card) in card_values]
    # Return the sorted hand.
    # (정렬된 카드 패를 반환한다.)
    return ' '.join(sorted_hand)
```

코파일럿이 생성한 이 함수는 굉장히 훌륭하다. 그러나 카드 무늬 순위에 대한 '배경 지식'을 활용하지 못한 것은 다소 실망스럽다.

대규모의 말뭉치를 통해 훈련된 ChatGPT가 만든 결과를 보자. 컴퓨터 프로그램과 관련이 없는 많은 텍스트를 포함하긴 하지만 결과는 본질적으로 같다. 개인적으로 ChatGPT가 제안한 코드 스타일을 조금 더 선호한다. 하지만 이는 인간 프로그래머 사이에서의 차이 혹은 기술적 차이일 뿐이다. ChatGPT에 물을 때 코파일럿과 약간 다른 용어를 사용했다. 예를 들어 챗봇을 의인화하여 'Please write a Python program to sort…(…로 정렬하는 파이썬 프로그램을 작성하라)'로 요청했다. 일반적으로 소스 코드 주석에서 볼 수 있는 'This function sorts…(이 함수는 …와 같이 정렬한다)'와는 다른 표현이다.

Certainly! Here is a Python program that will sort a hand of cards in descending order by rank:

(물론이다! 다음은 순위에 따라 카드 덱을 정렬하는 파이썬 프로그램이다:)

```python
def sort_hand(hand):
    # Create a mapping from card rank to numeric value.
    # (카드 순위를 숫자에 매핑한다.)
    rank_to_value = {        ← ChatGPT는 한 행에 하나의 key/value 쌍을 정의했다.
        '2': 2, '3': 3, '4': 4, '5': 5, '6': 6, '7': 7, '8': 8,
        '9': 9, 'T': 10, 'J': 11, 'Q': 12, 'K': 13, 'A': 14 }

    # Split the hand into individual cards.
    # (카드 패를 개별 카드로 나눈다.)
    cards = hand.split()

    # Sort the cards by rank.
    # (카드를 순위에 따라 정렬한다.)
    sorted_cards = sorted(cards,
        key=lambda x: rank_to_value[x[0]], reverse=True)

    # Return the sorted hand as a string.
    # (정렬된 카드 패를 문자열로 반환한다.)
    return ' '.join(sorted_cards)

# Test the function.
# (함수를 테스트한다.)
hand = "A♥ 4♠ 4♥ K♦ 3♠"
print(sort_hand(hand)) # should print "A♥ K♦ 4♥ 4♠ 3♠".
                       # ("A♥ K♦ 4♥ 4♠ 3♠"을 출력해야 한다.)
```

This function first creates a dictionary that maps each card rank to a numeric value, with the highest ranks having the highest values. It then splits the input hand into a list of individual cards, and sorts this list using the `sorted` function and the `lambda` function as the key. Finally, it joins the sorted cards back into a string and returns the result.

(이 함수는 딕셔너리를 먼저 생성한다. 딕셔너리는 가장 높은 순위에 가장 큰 값을 갖도록 각 카드 순위를 숫자 값에 매핑한 것이다. 그 후 입력된 카드 패를 개별 카드로 나누고 이 리스트를 sorted 함수를 사용해

정렬하며, 이때 `lambda` 함수를 키로 사용한다. 마지막으로 정렬된 카드들을 하나의 문자열로 결합한 뒤 반환한다.)

I hope this helps! Let me know if you have any questions.

(도움이 되었기를 바라며 질문이 있다면 알려주기를 바란다.)

ChatGPT와 코파일럿 모두 카드 덱에 익숙한 프로그래머라면 생각할 수 있는 암묵적인 인간적 콘텍스트를 전혀 이해하지 못했다. 하지만 카드 게임마다 같은 모양의 우선순위를 사용하지 않기 때문에 이해할 수 있는 부분이다.

콘텍스트에 민감한 ChatGPT에 개선해볼 것을 추가 요청해봤다. 다른 새로운 내용을 제시하지 않고 이전 답을 참조했다.

Thanks. Please follow the description above, but also sort suits as spades, hearts, diamonds, clubs.

(고맙다. 위 기술을 그대로 따르면서 카드 패를 스페이드, 하트, 다이아몬드, 클로버 순으로 정렬하라.)

여기서 주목할 점은 프롬프트에서 유니코드 문자열은 언급하지 않은 점이다.

Certainly! Here is an updated version of the function that will sort a hand of cards in descending order by rank, and within the same rank, it will sort by suit in the order specified: spades, hearts, diamonds, clubs:

(물론이다! 다음은 해당 함수의 업데이트된 버전이다. 이 함수는 카드 패를 순위에 따라 내림차순으로 정렬한다. 순위가 같다면 스페이드, 하트, 다이아몬드, 클로버 순으로 정렬한다.)

```
def sort_hand(hand):
    # Create a mapping from card rank to numeric value.
    # (카드 순위를 숫자에 매핑한다.)
    rank_to_value = {   ◀── ChatGPT는 한 행에 하나의 key/value 쌍을 정의했다.
        '2': 2, '3': 3, '4': 4, '5': 5, '6': 6, '7': 7, '8': 8,
        '9': 9, 'T': 10, 'J': 11, 'Q': 12, 'K': 13, 'A': 14 }
```

```
# Create a mapping from suit to numeric value.
# (카드 무늬를 숫자에 매핑한다.)
suit_to_value = {'♠': 1, '♥': 2, '♦': 3, '♣': 4}   ←

# Split the hand into individual cards.                  ChatGPT는 한 행에
# (카드 패를 개별 카드로 나눈다.)                          하나의 key/value 쌍을
cards = hand.split()                                         정의했다.

# Sort the cards by rank and then suit.
# (카드를 순위에 따라 정렬한다.)
sorted_cards = sorted(cards,
  key=lambda x: (rank_to_value[x[0]], suit_to_value[x[1]]),
  reverse=True)

# Return the sorted hand as a string.
# (정렬된 카드 패를 문자열로 반환한다.)
return ' '.join(sorted_cards)

# Test the function.
# (함수를 테스트한다.)
hand = "A♥ 4♠ 4♥ K♦ 3♠"
print(sort_hand(hand)) # should print "A♥ K♦ 4♥ 4♠ 3♠".
                        # ("A♥ K♦ 4♥ 4♠ 3♠"을 출력해야 한다.)
```

This updated version of the function creates an additional dictionary that maps each suit to a numeric value, with the spades having the lowest value and the clubs having the highest value. It then sorts the cards using a tuple as the key, with the rank as the first element and the suit as the second element.

(업데이트된 함수는 추가적인 딕셔너리를 생성한다. 이 딕셔너리에서는 각 모양과 숫자 값을 매핑하는데, 스페이드 값은 가장 작으며 클로버 값이 가장 크다. 그 후에 함수가 튜플을 키로 사용해 카드를 정렬한다. 튜플의 첫 번째 요소는 rank이고 두 번째 요소는 suit이다.)

I hope this helps! Let me know if you have any questions.

(도움이 되었기를 바라며 질문이 있다면 알려주기를 바란다.)

ChatGPT 응답에서 버그를 찾을 수 있는가? 찾았다고 해도 문서화 버그일 것이다. 모양의 정렬 순서를 지정할 때 동일한 역순 정렬을 적용하려고 의도했기 때문이다. 하지만 제공된 해결책에서는 클로버 값이 가장 크고 스페이드 값이 가장 작도록 값이 설정되었다. 이는 필자가 작성한 프롬프트와 일치하는 정렬이다.

추가적인 프롬프트를 작성해 ChatGPT와 대화를 이어갔다. ChatGPT는 기대한대로 완벽한 결과를 도출했고, 다시 'That was great, but I meant that spades are most valuable (sort first) and clubs are least valuable (sort last)(훌륭했다. 그러나 스페이드가 가장 높고(첫 번째로 정렬되고), 클로버가 가장 낮기를(마지막으로 정렬되기를) 바란다)'라고 프롬프트를 수정했다. 역시 ChatGPT는 수정한 내용과 함께 훌륭한 설명을 제공했다.

하지만 코파일럿은 추가 정보에 대한 결과가 ChatGPT보다 좋지 않았다.

```
# Given a text that represents cards in a standard card deck.
# For example, a poker hand my be represented as "A♥ 4♠ 4♥ K♦ 3♠".
# The 10 of a suit is represented as "T", such as "T♠".
# This function sorts a hand in descending order by card rank.      ┐ 이 주석은 필자가
# Please rank the suits as spades, hearts, diamonds, clubs. ◄───────┘ 추가했다.
# Please rank the cards as ◄─────────────────────────────┐
#     A, K, Q, J, T, 9, 8, 7, 6, 5, 4, 3, 2.             │
# For example, the sorted hand ◄────────────────────┐    │
#     "A♥ 4♠ 4♥ K♦ 3♠" would be "A♥ K♦ 4♠ 4♥ 3♠".   │ 코파일럿은 필자의 의견을 바탕으로
# (표준 카드 덱의 카드를 나타내는 텍스트를 작성하라.         자신의 생각을 전개했다.
# 예를 들어, 포커 패는 "A♥ 4♠ 4♥ K♦ 3♠"와 같이 표현될 수 있다.
# 10번 카드는 "T"로 나타내며 "T♠"와 같이 표현된다.
# 이 함수는 카드 패를 카드 순위에 따라 내림차순으로 정렬한다.
# suit는 스페이드, 하트, 다이아몬드, 클로버 순이다.
# 카드는 A, K, Q, J, T, 9, 8, 7, 6, 5, 4, 3, 2 순이다.
# 예를 들어, 카드 패 "A♥ 4♠ 4♥ K♦ 3♠"는
# "A♥ K♦ 4♠ 4♥ 3♠"이어야 한다.)
def sort_hand(hand):
    # Your code here
    # (여러분의 코드)
    return hand
```

코파일럿이 코드를 완성하지 못하고 사람이 직접 작성해야 하는 함수의 스켈레톤만 제공하는 경우가 현재 버전의 코파일럿에서는 자주 발생한다. 만약 코파일럿이 인간이었다면 유용하고 올바른 주석은 생성하지만, 작업에 조금의 변화를 준 것만으로도 코드를 완성하지 못한다는 점은 매우 놀라운 일일 것이다.

스트레이트 또는 플러시 카드 패를 식별하라

퍼즐 13에서는 포커 카드 패를 ASCII에서 유니코드 무늬 기호로 변환하고 카드 패를 내림차순으로 정렬했다. 이번 퍼즐에서는 정규표현식으로 카드 패가 어떤 종류에 속하는지 파악한다. 다음과 같은 속임수를 사용할 수 있다.

```python
def is_straight_flush(hand):
    return is_straight(hand) and is_flush(hand)
```

이번에는 is_flush(hand)와 is_straight(hand)를 작성한다. 카드 패들은 이전 퍼즐과 같은 형태로 표현된다고 가정하자(카드가 내림차순으로 정렬된 것을 포함). 여러분이 작성한 prettify() 함수를 사용해 테스트 케이스에 쉽게 진입할 수도 있다.

저자생각 천 리 길도 한 걸음부터

플러시flush를 식별하는 것은 비교적 쉬운 일이다. 현명하게 접근한다면 퍼즐에서 명시적으로 요구하지 않은 두 가지 특징을 함수에 추가할 수 있다. 즉 ASCII 코드 S(스페이드), H(하트)를 사용해 유니코드 특수 기호와 동시에 동작하도록 할 수 있다.

하지만 이 함수를 만드는 동안 **사실 같은**truthy 정보를 추가로 반환할 수도 있다. 플러시라면 해당 무늬도 함께 반환하자.

```
>>> def is_flush(hand):
...     match = re.search(r'^.(.)(.*\1){4}$', hand)
...     return match.group(1) if match else False

>>> is_flush('J♣ T♣ 9♣ 8♣ 7♣')
'♣'
>>> is_flush('J♦ 9♦ 6♦ 5♦ 2♦')
'♦'
>>> is_flush('J♦ 9♥ 6♦ 5♦ 2♦')
False
>>> is_flush('JD 9H 6D 5D 2D')
False
>>> is_flush('JD 9D 6D 5D 2D')
'D'
```

스트레이트를 확인하고자 반환값에 값을 하나 더 추가하자. 카드 패가 스트레이트가 아니라면 False를 반환해야 한다. 하지만 카드 패가 스트레이트라면 가장 높은 카드의 번호를 반환하고 나중에 사용할 수도 있다. 다른 모든 문자열과 마찬가지로 모두 사실 같은 값이다.

```
>>> def is_straight(hand):
...     pat = r'[ SHDC\u2660\u2665\u2666\u2663]'
...     h = re.sub(pat, '', hand)
...     match = re.search(h, 'AKQJT98765432')
...     return h[0] if match else False
```

첫 번째 함수를 만들었으니 무늬의 ASCII 버전에 익숙해졌을 것이다. 필요하다면 prettify()를 사용해 항상 개선할 수도 있다. 패턴은 무늬 문자와 공백을 모두 찾고 분리해 단순화한 카드 패를 만든다.

숫자로만 이루어진 단순화한 패를 사용하면 스트레이트를 구성하는 숫자는 숫자의 하위 문자열이라는 사실을 알 수 있다. 그 길이가 5인지는 다시 확인하지 않고 다른 함수에서 이미 길이를 검증했다고 가정한다. 검증하고 싶다면 해당 코드를 간단하게 추가하면 된다.

이제 다음과 같이 더욱 매끄럽게 개선된 is_straight_flush()를 구현할 수 있다.

```
>>> def is_straight_flush(hand):
...     s = is_straight(hand)
...     f = is_flush(hand)
...     return s+f if s and f else False

>>> is_straight_flush('JD TD 9D 8D 7D')
'JD'
>>> is_straight_flush('JD TD 9H 8D 7D')
False
```

 AI 생각   **불공평한 일에서 인간을 보호하는 사회**

AI에게 정규표현식을 사용하도록 유도하는 것은 그리 자연스러운 방법은 아니지만 다양한 성공을 거두고 있다. 필자가 이 책에서 여러분에게 자연스럽지 않은 행동을 요구하는 것은 마치 <우주가족 젯슨>에 등장하는 조지 젯슨의 비서인 R.U.D.I의 불친철함과 같을 것이다.[16]

앞선 sort_hand() 부분과 동일한 콘텍스트 안에서 다음과 같은 기본적인 질문을 해보았다.

> Write a Python function to identify whether a poker hand is a flush. That is, does it contain five cards where all are the same suit? Assume that hands are sorted and represented as above.
>
> (포커 카드 패가 플러시인지 식별하는 파이썬 함수를 작성하라. 즉 동일한 무늬의 카드 다섯 장을 포함하는가? 카드 패는 이전과 동일하게 정렬 및 표현된다고 가정한다.)

ChatGPT는 정규표현식을 볼 필요도 없이 올바르게 컴파일되었다.

---

16   옮긴이 미국의 애니메이션으로, R.U.D.I(Referential Universal Digital Indexer)는 스페이슬리 스페이스 스프로킷 주식회사 (Spacely Space Sprockets, Inc.)의 원자 슈퍼컴퓨터다. 조지 젯슨은 디지털 인덱스 오퍼레이터(digital index operator)로서 R.U.D.I를 유지 보수하는 업무를 담당한다. R.U.D.I는 과중한 업무에 시달리며 조지 젯슨에게 무리한 요구들을 계속한다.

Certainly! Here is a Python function that will identify whether a poker hand is a flush:

(물론이다! 다음은 포커 패가 플러시인지 식별하는 파이썬 함수다:)

```python
def is_flush(hand):
    # Split the hand into individual cards.
    # (카드 패를 개별 카드로 나눈다.)
    cards = hand.split()

    # Extract the suits of the cards.
    # (카드의 무늬들을 추출한다.)
    suits = [card[1] for card in cards]

    # Check if all the suits are the same.
    # (모든 무늬들이 동일한지 확인한다.)
    return all(suit == suits[0] for suit in suits)

# Test the function.
# (함수를 테스트한다.)
hand = "A♠ K♠ 4♠ 4♥ 3♠"
print(is_flush(hand)) # should print True. (True를 출력해야 한다.)
hand = "A♠ K♠ 4♠ 4♥ 3♣"
print(is_flush(hand)) # should print False. (False를 출력해야 한다.)
```

ChatGPT는 항상 그랬듯이 함수의 동작 방법을 친절하게 설명한다. 하지만 테스트 케이스는 함수의 실제(그리고 올바른) 동작과 일치하지 않는다. ChatGPT가 정규표현식을 사용하도록 좀 더 정확하게 시도해봤다. 프롬프트에 'Can you utilize regular expressions to create the is_flush() function?(정규표현식을 활용해 is_flush() 함수를 만들 수 있는가?)'를 추가로 입력했다.

Certainly! Here is an alternative version of the is_flush function that uses regular expressions to identify whether a poker hand is a flush:

(물론이다! 다음은 정규표현식을 사용해 포커 패가 플러시인지 식별하는 is_flush 함수의 대안이다:)

```
import re

def is_flush(hand):
    # Use a regular expression to extract the suits of the cards.
    # (정규표현식을 사용해 카드의 무늬들을 추출한다.)
    suits = re.findall(r'[♠♥♦♣]', hand)

    # Check if all the suits are the same.
    # (모든 무늬가 같은지 확인한다.)
    return all(suit == suits[0] for suit in suits)

# Test the function.
# (함수를 테스트한다.)
hand = "A♠ K♠ 4♠ 4♥ 3♠"
print(is_flush(hand)) # should print True. (True를 출력해야 한다.)
hand = "A♠ K♠ 4♠ 4♥ 3♣"
print(is_flush(hand)) # should print False. (False를 출력해야 한다.)
```

This function uses the `re.findall` function and a regular expression to extract all the suits from the input hand. It then uses the `all` function to check if all the suits are the same. If they are, the function returns `True`, otherwise it returns `False`.

(이 함수는 `re.findall` 함수와 정규표현식을 사용해 입력된 카드 패에서 모든 무늬를 추출한다. 다음으로 `all` 함수를 사용해 모든 무늬가 동일한지 체크한다. 무늬가 모두 같으면 `True`, 그렇지 않으면 `False`를 반환한다.)

I hope this helps! Let me know if you have any questions.

(도움이 되었기를 바라며 질문이 있다면 알려주기를 바란다.)

'Try to use even more complex regular expressions(한층 더 복잡한 정규표현식을 사용해보라)' 처럼 다시 추가로 입력해 프롬프트를 계속 개선할 수도 있지만 현재 대답으로 만족하기로 했다. 여전히 정확하지 않은 테스트 케이스를 제시했지만 말이다.

ChatGPT에 저자로서 (어쩌면 인간적인) 논의에서 정의한 API를 사용하도록 약간 유도해보겠다. 다음은 필자가 작성한 프롬프트다.

In the previous `is_flush()` function can you return the actual `suit` when a flush is found, but False when it is not?

(이전 `is_flush()` 함수에서 플러시를 발견하면 실제 `suit`를 반환하고, 그렇지 않으면 `False`를 반환할 수 있는가?)

ChatGPT는 처음에 제시한(이전 퍼즐) 동일한 포커 패를 수정했고 계속해서 올바르지 않은 테스트 케이스를 생성했다. 이와 관련한 내용은 생략한다.

 Certainly! Here is an updated version of the `is_flush` function that returns the suit of a flush, or False if the hand is not a flush:

(물론이다! 다음은 플러시의 무늬 또는 카드 패가 플러시가 아닌 경우 `False`를 반환하는 `is_flush` 함수의 업데이트된 버전이다:)

```
import re

def is_flush(hand):
    # Use a regular expression to extract the suits of the cards.
    # (정규표현식을 사용해서 카드들의 무늬를 추출한다.)
    suits = re.findall(r'[♠♥♦♣]', hand)

    # Check if all the suits are the same.
    # (모든 무늬가 같은지 확인한다.)
    if all(suit == suits[0] for suit in suits):
        # Return the suit if it's a flush.
        # (플러시라면 해당 무늬를 출력한다.)
        return suits[0]
    else:
        # Return False if it's not a flush.
        # (플러시가 아니면 False를 반환한다.)
        return False
```

이번 퍼즐에서 ChatGPT와 대화하며 ChatGPT가 지금까지 정규표현식을 너무 많이 사용했으며 다른 코딩 스타일이 훨씬 자연스럽고 가독성이 뛰어나다고 필자에게 말하는 것처럼 느껴졌다.

포커 플레이 3

포커 카드 패를 포 카드와 매치하라

이번 퍼즐에서도 계속 포커 카드 패를 매치한다. 이전 퍼즐에서는 스트레이트와 플러시, 이를 조합한 스트레이트 플러시를 다루었다. 이제 다른 타입의 카드 패를 생각해볼 차례다.

고려할 카드 패의 유형은 카드 패 사이의 관계를 포함한다. 즉 스트레이트 플러시가 스트레이트와 플러시를 포함하는 것처럼 포 카드는 당연히 트리플three of a kind과 원 페어one pair를 포함한다. 풀 하우스는 세 장의 같은 숫자 카드와 두 장의 다른 같은 숫자로 이루어진다. 퍼즐의 목적에 맞게 각 테스트는 내림차순으로 수행되었다고 가정하자.

성공적인 첫 번째 테스트는 카드 패의 유형을 분류하는 것이다. 앞으로 살펴볼 몇 개의 퍼즐에서 다음과 같은 함수를 작성해야 한다.

- is_four_of_kind(hand)
- is_full_house(hand)
- is_three_of_kind(hand)
- is_two_pairs(hand)
- is_pair()

이번 퍼즐을 포함해 앞으로 살펴볼 몇 개의 퍼즐에서 다양한 함수를 다룰 예정이다. 이 퍼즐들을 풀 수 있을지(아마도 공유 기능을 사용하면 가능할 것이다) 생각해본 후 '저자 생각'과 'AI 생각'을 살펴보도록 하자.

포 카드를 가지려면 첫 번째나 두 번째 카드의 숫자가 같아야 한다. 카드가 완벽하게 정렬되었다면 포 카드는 첫 번째 네 장 혹은 마지막 네 장만으로 만들 수 있다. 그러나 그 순서에 의존하지 않고 작성해보았다.

```
>> def is_four_of_kind(hand):
...     hand = re.sub(r'[^AKQJT98765432]', '', hand)
...     pat = r'^.?(.)(.*\1){3}'
...     match = re.search(pat, hand)
...     # Return the card number as truthy value.
...     # (사실 같은 값으로 카드 번호를 반환한다.)
...     return match.group(1) if match else False

>>> is_four_of_kind('6H 6D 6S 6C 3S')     ◀── 정렬됨
'6'
>>> is_four_of_kind('6♦ 3♠ 6♥ 6♠ 6♣')     ◀── 정렬되지 않음
'6'
>>> is_four_of_kind('6H 6D 6S 4C 3S')     ◀── 포 카드가 아님
False
```

 AI 생각 언젠가는 기계들도 숫자를 셀 수 있을 것이다

포 카드를 식별하는 것을 어떻게 생각하는지 ChatGPT에 물어보기 위해 다음과 같이 프롬프트를 작성했다.

> Using the same encoding of poker hands that we've discussed in this conversation, can your write a function that will identify four-of-a-kind? If possible, utilize regular expressions to solve this problem.
>
> (이 대화에서 논의한 포커 카드 패와 동일한 인코딩을 사용할 때 포 카드를 식별할 수 있는 함수를 작성할 수 있는가? 가능하다면 정규표현식으로 문제를 풀어라.)

Certainly! Here is a Python function that uses regular expressions to identify a four of a kind in a poker hand:

(물론이다! 다음은 정규표현식으로 하나의 포커 패 안에 포 카드가 있는지 식별하는 함수이다:)

```python
import re

def is_four_of_a_kind(hand):
    # Use a regular expression to extract the ranks of the cards.
    # (정규표현식으로 카드의 순위를 추출한다.)
    ranks = re.findall(r'[2-9TJQKA]', hand)

    # Check if any rank occurs four times.
    # (특정 순위가 네 번 나타나는지 확인한다.)
    return any(ranks.count(rank) == 4 for rank in ranks)

# Test the function.
# (함수를 테스트한다.)
hand = "A♠ K♠ 4♠ 4♥ 4♣"
print(is_four_of_a_kind(hand)) # should print False. (False를 출력해야 한다.)
hand = "A♠ A♣ A♦ A♥ 3♣"
print(is_four_of_a_kind(hand)) # should print True. (True를 출력해야 한다.)
```

This function uses the `re.findall` function and a regular expression to extract all the ranks from the input hand. It then uses the `any` function and the `count` method to check if any rank occurs four times. If it does, the function returns `True`, otherwise it returns `False`.

(이 함수는 `re.findall` 함수와 정규표현식을 사용해서 입력된 카드 패의 모든 순위를 추출한다. 다음으로 `any` 함수와 `count` 메서드를 사용해서 어떤 순위가 네 번 나타나는지 확인한다. 네 번 나타나면 함수는 `True`를 반환하고 그렇지 않으면 `False`를 반환한다.)

I hope this helps! Let me know if you have any questions.

(도움이 되었기를 바라며 질문이 있다면 알려주기를 바란다.)

AI는 올바른 기능을 생성해도 정확한 테스트는 만들지 못하는 경향이 있다. 하지만 이번에는 운이 좋았는지 혹은 패턴을 인식했는지 알 수 없지만 ChatGPT가 올바른 테스트를 작성했다.

또한, 테스트 케이스를 작성할 때 '독창성'까지 보였다. 포커 플레이 퍼즐 시리즈의 첫 번째 퍼즐인 퍼즐 13에서 제시한 것과 달리 순위를 재미있게 변화시켰다.

필자가 정규표현식만 사용한 해결책을 내놓는 것처럼 ChatGPT는 정규표현식만 고집하지 않기 때문에 더 명확한 코드를 제공한다. 하지만 필자가 작성한 조금 어려운 정규표현식은 존재하는 모든 순위에 대해 루프를 돌기 때문에 성능 측면에서는 좀 더 우수하다. 컴퓨터 과학자들은 종종 이런 농담을 한다(마크 트웨인Mark Twain의 말을 패러디한 것이지만 벤저민 디즈레일리 Benjamin Disraeli가 한 것으로 잘못 알려져 있다).

There are lies, damn lies, and benchmarks.

거짓말, 빌어먹을 거짓말, 그리고 벤치마크.

필자가 이야기하는 성능에 관련된 의견은 적당히 받아들이기를 바란다.

이번 퍼즐에서 ChatGPT가 제시한 응답을 기억하고 포 카드와 매우 유사한 풀 하우스 관련의 다음 퍼즐과 비교해보자. 두 퍼즐을 비교하면서 도덕적 교훈이 드러날 수도 있다.

 16 포커 플레이 4

포커 카드 패를 풀 하우스와 매치하라

각 카드 패를 최소한으로 식별해야 한다는 것을 유념하자. 가능한 카드 패는 다음과 같다.

- `is_four_of_kind(hand)`

- `is_full_house(hand)`

- `is_three_of_kind(hand)`

- `is_two_pairs(hand)`

- `is_pair()`

포 카드는 이전 퍼즐인 퍼즐 15에서 다루었으니 이번 퍼즐에서는 풀 하우스를 살펴보자. 가능한 정규표현식으로 카드 패에 풀 하우스가 있는지 식별하는 함수를 작성하라.

불운을 감수하고 베팅해야 할 수도 있다

이번 퍼즐에 접근하는 방식으로 is_three_of_kind()와 is_pair()가 동일한 카드 패에 모두 들었는지 확인할 수도 있다. 그러나 이런 **지원 함수**support function 구현에서는 트리플을 구성하는 처음 두 장의 카드가 마지막 두 장과 일치하지 않더라도 is_pair() 함수를 트리거할 수 있다. 잘 동작하도록 하는 기능이 있으나 지금은 직접 만들어보겠다.

이번 해결책에서는 정규표현식을 사용해서 무늬를 추출한 뒤 실제 패턴과 일치하는지 확인한다. 포커 플레이(파트 1), 즉 퍼즐 13에서 구현한 cardsort() 함수를 활용해 카드 패가 정렬되어 있다는 것을 보장한다. 이를 기반으로 카드 패가 ASCII 코드 버전이 아닌 '예쁜' (유니코드 특수문자) 버전으로 변경된 것도 보장할 수 있다.

두 가지 패턴이 존재할 수 있는데, 높은 두 개의 숫자 뒤에 낮은 세 개의 숫자가 오거나 높은 세 개의 숫자 뒤에 두 개의 낮은 숫자가 오는 것이다. 이후에도 사용할 수 있도록 매치하는 경우에 트리플 번호를 사실 같은 값으로 반환 가능하다. 대부분 포커 규칙에서는 같은 카드 패의 승리를 판단할 때 트리플을 우선한다.

```
>>> def is_full_house(hand):
...     try:
...         hand = prettify(hand)
...     except:
...         pass # Already pretty. (이미 정렬되어 있다.)
...     hand = cardsort(hand)
...     hand = re.sub(r'[^AKQJT98765432]', '', hand)
...     # Either three of suit then two of other, or
...     # Two of suit then three of other
```

```
              # (같은 숫자 카드 세 장과 다른 같은 숫자 카드 두 장, 또는
              # 같은 숫자 카드 두 장과 다른 같은 숫자 카드 세 장)
...       pat = r"^((.)\2{1,2})((.)\4{1,2})$"
...       match = re.search(pat, hand)
...       if not match:
...           return False
...       elif len(match.group(3)) > len(match.group(1)):
...           return hand[4] + hand [0]
...       else:
...           return hand[0] + hand[4]
>>> is_full_house(prettify('AS AC 8H 8D 8C'))
'8A'
>>> is_full_house(prettify('AS AH AC 8D 8C'))
'A8'
>>> is_full_house(prettify('AS AH JD 8D 8C'))
False
```

이 해결책은 적절한 정도의 비정규표현식 파이썬 코드를 포함한다. 핵심은 앞서 구현한 is_four_of_kind()의 숫자를 줄인 것과 동일하다. 파이썬 코드는 사실 같은 값을 제공하는 친숙한 코드이므로 또 다른 설명은 생략하겠다.

 AI 생각 ## 자유 의지는 공짜가 아니다

포커 관련 연습에서 앞서 시작한 ChatGPT와 대화를 계속하면 그 결과가 유사하다. AI가 정규표현식을 사용하도록 설득해 적절한 목적으로 사용할 수도 있지만 이는 복잡한 의존성을 피하는 것이다. 즉 더 나은 파이썬 코드를 만들 수 있지만 정규표현식을 가르치는 교육적 가치는 떨어진다.

콘텍스트에 민감한 ChatGPT 특성을 활용해 다음과 같은 질문을 해보았다.

> Using the same encoding of poker hands that we've discussed in this conversation, can your write a function that will identify a full house? If possible, utilize regular expressions to solve this problem.
>
> (이 대화에서 논의했던 포커 카드 패와 동일한 인코딩으로 풀 하우스를 식별하는 함수를 작성할 수 있는가? 가능하다면 정규표현식을 사용해 이 문제를 해결하라.)

Certainly! Here is a Python function that uses regular expressions to identify a full house in a poker hand:

(물론이다! 다음은 정규표현식을 사용해 포커 패의 풀 하우스를 식별하는 파이썬 함수다:)

```python
import re

def is_full_house(hand):
    # Use a regular expression to extract the ranks of the cards.
    # (정규표현식으로 카드 순위를 추출한다.)
    ranks = re.findall(r'[2-9TJQKA]', hand)

    # Check if there are two ranks that each occur three times.
    # (각각 세 번씩 발생하는 두 개의 순위가 있는지 확인한다.)
    return len(set(ranks)) == 2 and \
        (ranks.count(ranks[0]) == 3 or
        ranks.count(ranks[1]) == 3)

# Test the function.
# (함수를 테스트한다.)
hand = "A♠ K♠ 4♠ 4♥ 4♣"
print(is_full_house(hand)) # should print True. (True를 출력해야 한다.)
hand = "A♠ K♠ 4♠ 4♥ 3♣"
print(is_full_house(hand)) # should print False. (False를 출력해야 한다.)
```

This function uses the `re.findall` function and a regular expression to extract all the ranks from the input hand. It then uses the `set` and `count` functions to check if there are two ranks that each occur three times. If there are, the function returns `True`, otherwise it returns `False`.

(이 함수는 `re.findall` 함수와 정규표현식을 사용해 입력된 카드 패에서 모든 순위를 추출한다. 이후에 `set` 함수와 `count` 함수를 사용해서 세 번씩 발생하는 두 개의 순위가 있는지 확인한다. 존재한다면 함수는 `True`를 반환하고 그렇지 않으면 `False`를 반환한다.)

I hope this helps! Let me know if you have any questions.

(도움이 되었기를 바라며 질문이 있다면 알려주기를 바란다.)

ChatGPT 대답이 충분히 괜찮은 것 같다. 게다가 로직 자체는 상당히 옳은 것처럼 느껴진다. 우리는 카드 패 안에 두 가지 다른 순위(rank)만 있고 그중 하나는 세 개의 항목으로 이루어져 있기를 원한다. 이는 다른 순위의 카드가 두 장으로 구성된다는 것을 의미한다. ChatGPT가 이런 산술 계산을 하지는 않지만 그 결과에 도달하기는 한다.

AI 코딩 어시스턴트가 유용하다는 점은 우리가 AI에 풀 하우스가 무엇인지 알려주지 않았다는 점에서 알 수 있다. AI는 어떤 콘텍스트 지식에서 그것이 무엇인지 알아내야만 한다. 훈련에 사용한 수백만 개의 코드 샘플에 기인한 것일 수도 있지만 훈련에 사용된 말뭉치 내 비코드 문자_non-code text_에서 해당 정의를 자주 설명했을 것이다.

물론 다른 예제와 마찬가지로 테스트 케이스는 세부 사항에 오류가 있다. 첫 번째도 그렇지만 두 번째로 표시된 카드 패는 풀 하우스가 아니다. 그런데 ChatGPT는 다른 방식으로 풀 하우스를 만들어 테스트하는 것을 시도했다. 앞선 예제에서 제공했던 A, K, 4, 4, 3 대신 순위 4의 카드 세 장을 사용했다. 또한, ChatGPT가 입력에서 제공한 순위를 지키더라도 이전에 실패한 테스트 케이스들은 서로 다른 가능한 무늬로 수정했다. 이러한 제한적인 예시를 봤을 때 ChatGPT는 한 카드 패 안에서 같은 숫자와 같은 무늬를 가진 두 장의 카드를 만들어내지는 않았다. 그저 운이 좋았는지 아니면 훈련 중에 이런 제약 조건이 나타난 것인지는 알 수 없다.

여기서 잠깐 멈추고 제시된 함수를 다시 한번 살펴보자. 모든 카드 패가 적절하게 정리되었다고 가정할 수 있다. 카드 패를 손쉽게 정리할 수 있는 함수가 있으니 원한다면 사용하도록 하자.

만들어진 함수는 절대로 풀 하우스를 올바르게 식별하지 못한다. 하지만 함수의 문자 하나만 변경한다면 좋은 답변을 얻을 수 있다. 파이썬 셸을 사용하면 다음과 같이 잘못된 위치의 확인이 가능하다.

```
>> is_full_house("K♠ K♥ 4♠ 4♥ 4♣")
False
>>> ranks = re.findall(r'[2-9TJQKA]',                    ◀── ChatGPT 함수의 첫 번째 동작
...                    "K♠ K♥ 4♠ 4♥ 4♣")
>>> ranks
['K', 'K', '4', '4', '4']                                ◀── 올바른 순위 조합
>>> len(set(ranks))                                      ◀── 요청된 구분된 순위의 수
2
```

```
>>> ranks[0], ranks[1]          ◀── 위치에 따라 평가에 사용된 두 개의 순위
('K', 'K')
```

하나의 풀 하우스 안에서는 높은 순위가 두 번 나오든 세 번 나오든 ranks[0]와 ranks[1]은
동일하다. AI가 함수를 수정한 것이 매우 사소하게 보이겠지만 이후 원활하게 작업을 수행하
려면 반드시 수정해야 한다.

```
def is_full_house(hand):
    # Use a regular expression to extract the ranks of the cards.
    # (정규표현식을 사용해서 카드의 순위를 추출한다.)
    ranks = re.findall(r"[2-9TJQKA]", hand)

    # Check if there are two ranks that each occur three times.
    # (두 개의 순위가 각각 세 번 나타나는지 확인한다.)
    return len(set(ranks)) == 2 and \
            (ranks.count(ranks[0]) == 3 or
             ranks.count(ranks[-1]) == 3)
```

정렬된 카드 패에서 풀 하우스를 어떻게 나누든([2, 3] 혹은 [3, 2]) 가장 마지막 카드 순위는 첫
번째 카드 순위와 다르다.

17 포커 플레이 5

포커 카드 패에서 트리플, 투 페어, 원 페어를 매치하라

이전 퍼즐들에서는 포 카드와 풀 하우스를 식별했다. 이번 퍼즐의 로직도 이전 로직과 비슷하
지만 다음 퍼즐을 위해 약간의 수정이 필요하다.

이제 포커의 정규표현식에서 트리플, 원 페어, 투 페어를 식별하는 작업이 남았다. 이전과
마찬가지로 다양한 카드 패의 테스트는 패의 우선순위(즉 강도가 높은 것부터)에 따라 실행된다
고 가정한다. 만약 원 페어 테스트가 포 카드를 포함한 카드 패를 우연히 식별한다면 실제로
원 페어를 가지고 있으니 문제가 되지 않는다.

이번 퍼즐에서는 다음의 함수를 이용해 작성하자.

- is_three_of_kind(hand)

- is_two_pairs(hand)

- is_pair()

3은 2보다 크지만 4보다 작다

투 페어나 트리플을 식별하는 것은 포 카드를 식별하는 것과 비슷하다. 단지 반복되는 수가 적을 뿐이다. 카드 패를 정렬하지 않더라도 식별할 수는 있지만 풀 하우스의 해결책처럼 카드 패를 정렬해두면 더 쉽게 식별할 수 있다.

```
>>> def is_three_of_kind(hand):
...     try:
...         hand = prettify(hand)
...     except:
...         pass # Already pretty. (이미 정렬되어 있다.)
...     hand = cardsort(hand)
...     hand = re.sub(r'[^AKQJT98765432]', '', hand)
...     pat = r'(.)\1{2}' # No begin/end markers. (시작/끝 마커가 없다.)
...     match = re.search(pat, hand)
...     return match.group(1) if match else False

>>> is_three_of_kind('AS 6H QH 6S 2D')
False
>>> is_three_of_kind('AS 6H QH 6S 6D')
'6'
```

원 페어를 식별하는 것도 기본적으로는 동일하다. 같은 카드 번호를 한 번만 복제하면 된다.

```
def is_pair(hand):
    try:
        hand = prettify(hand)
    except:
        pass # Already pretty. (이미 정렬되어 있다.)
    hand = cardsort(hand)
    hand = re.sub(r'[^AKQJT98765432]', '', hand)
    pat = r'(.)\1' # No begin/end markers. (시작/끝 마커가 없다.)
    match = re.search(pat, hand)
    return match.group(1) if match else False
```

투 페어를 매칭하는 것은 조금 더 까다롭다. 풀 하우스를 식별할 때는 같은 숫자 카드 두 장과 그 뒤에 다른 숫자의 같은 숫자 카드 세 장, 또는 같은 숫자 카드 세 장과 그 뒤에 다른 숫자의 같은 숫자 카드 두 장을 매치했다. 투 페어는 다음과 같이 매치되지 않은 숫자의 '차이'가 더 다양하게 나타날 수 있다(정렬되었다고 가정했을 때).

- X X _ Y Y
- _ X X Y Y
- X X Y Y _

매치되지 않은 숫자는 정렬된 위치의 두 번째 혹은 네 번째 위치에 나타날 수 없다. 그렇게 되면 매치되지 않은 세 장의 카드를 매치되지 않은 숫자의 다른 쪽에 놓게 되기 때문이다(우리는 카드 패의 정렬 순서를 규정했다).

지금부터 다른 퍼즐과 마찬가지로 사실 같은 값을 반환하며 같은 유형의 카드 패를 비교하는 데 사용하도록 해보자. 페어를 만드는 두 개의 숫자로 정렬되어 있다.

```
>>> def is_two_pairs(hand):
...     try:
...         hand = prettify(hand)
...     except:
...         pass # Already pretty. (이미 정렬되어 있다.)
...     hand = cardsort(hand)
...     hand = re.sub(r'[^AKQJT98765432]', '', hand)
...     # Three ways to match with unmatched number
...     # (매치되지 않은 숫자를 매치하는 세 가지 방법)
```

```
...        pat = (r"(.)\1.(.)\2|"
...               r".(.)\3(.)\4|"
...               r"(.)\5(.)\6.")
...        match = re.search(pat, hand)
...        if not match:
...            return False
...        else:
...            return ''.join(n for n in match.groups() if n)

>>> is_two_pairs('AH 6S 3H AD 6C')
'A6'
>>> is_two_pairs('AH 6S 3H AD 3C')
'A3'
>>> is_two_pairs('AH 6S 3H KD 3C')
False
```

나머지 부분은 여러분의 연습을 위해 남겨둔다. 여러분이 작성해야 하는 것은 정규표현식과 거의 관계가 없으며 간단한 일반 프로그램 흐름flow과 데이터 구조일 뿐이다.

🤖 AI 생각 2까지 세기

이전 포커 퍼즐에서 독자에게는 여러 유사한 컴포넌트를 제시했지만 AI 코딩 어시스턴트에 는 그중 하나만 제시했다. 이번에는 ChatGPT가 아닌 코파일럿과 대화를 해보자. 코파일럿은 ChatGPT와는 다른 형식으로 대답하며, 집필 시점에는 코드 에디터와 더 밀접하게 통합되어 있다.

코파일럿이 제안한 함수의 앞에 주석 블록을 프롬프트로 제공하는 과정에서 몇 차례 문장을 수정했다. 기본 완성만 허용하는 것이 아니라 다중 제안을 요청했다. AI는 합리적인 코드 주석 은 많이 제안하지만 실제로 코드는 구현하지 못한다. 코파일럿 제안도 이런 성격을 보인다. 그 러나 필자가 작성한 프롬프트를 반영한 코파일럿은 함수 바디 내에 상당한 문서와 함께 진짜 로 기능을 하는 코드를 포함해 제안했다.

```python
# Given a text that represents cards in a standard card deck.
# (표준 카드 덱 안의 카드들을 나타내는 텍스트들이 제공된다.)
# A poker hand may be represented as "A♥ 4♠ 4♥ K♦ 3♠".
# (하나의 포커 패는 "A♥ 4♠ 4♥ K♦ 3♠"와 같이 표시될 수 있다.)
# The 10 of a suit is represented as "T", such as "T♠".
# (숫자 10인 카드는 "T♠"와 같이 "T"로 나타낸다.)
# This function identifies whether a poker hand contains
# two cards of the same rank using regular expressions.
# (이 함수는 정규표현식으로 하나의 포커 패가 같은 순위의 카드
# 두 장을 포함하는지 식별한다.)
def has_pair(text):
    # Use a regular expression to find pairs of cards
    #   with the same rank.
    # (정규표현식을 사용해서 같은 순위를 가진 페어들을 찾는다.)
    # The regular expression is case insensitive.
    # (해당 정규표현식은 대소문자를 구분하지 않는다.)
    # The regular expression matches a card rank
    #   followed by a suit.
    # (해당 정규표현식은 카드 순위를 매치한다. 순위 뒤에는 무늬가 온다.)
    # The card rank is a single character that is not a suit.
    # (카드 순위는 단일 문자이며 무늬와 다르다.)
    # The suit is a single character that is not a card rank.
    # (카드 무늬는 단일 문자이며 순위와 다르다.)
    # The regular expression matches two or more cards.
    # (해당 정규표현식은 두 장 이상의 카드를 매치한다.)
    # The regular expression matches cards that are separated
    #   by zero or more spaces.
    # (해당 정규표현식은 0개 이상의 공백으로 구분된 카드들을 매치한다.)
    # The regular expression matches the entire string.
    # (해당 정규표현식은 전체 문자열을 매치한다.)
    # The regular expression is greedy.
    # (해당 정규표현식은 탐욕적이다.)
    # The regular expression is case insensitive.
    # (해당 정규표현식은 대소문자를 구분하지 않는다.)
    # The regular expression is compiled once and reused.
    # (해당 정규표현식은 한 번만 컴파일된 뒤 재사용된다.)
    has_pair_regex = re.compile(
        r"([^\u2660\u2665\u2666\u2663])\1+",
        re.IGNORECASE | re.DOTALL)
    # Find all pairs of cards with the same rank.
    # (동일한 순위를 갖는 카드의 모든 페어를 찾는다.)
    pairs = has_pair_regex.findall(text)
```

필자가 작성한 주석

코파일럿이 작성한
추가 주석

```
# Return whether there is at least one pair.
# (최소한 하나의 페어가 있는지 반환한다.)
return len(pairs) > 0
```

함수 내 상세한 주석은 인간에게서 얻을 수 있는 주석이나 코딩 테스트에서의 설명으로 얻을 수 있는 주석과 매우 유사하다. 코드 스타일의 경우 이렇게 자세한 것을 원하지는 않았지만 (자세한 내용은 파이썬의 독스트링 안에 포함되어야 한다) 각 주석은 합리적이고 올바른 의미를 지녔다.

코파일럿은 주석에 사용한 문자의 무늬 기호에 대한 유니코드 포인트를 식별했다. 실제 코드를 작성할 때 상당히 유용하다. 타이핑이 어렵지만 명확한 기호를 사용한 코드가 더 나은지, 타이핑이 쉽지만 암호화된 숫자 코드 포인트를 사용한 코드가 더 나은지는 논쟁의 여지가 있으나 이번 선택은 합리적이다.

지금 사용된 코파일럿의 정규표현식은 정말 똑똑하다. 그러나 틀렸다. 관습을 따르는 그 어떤 포커 패도 이 패턴과 매치하지 않는다. '무늬가 아닌 문자'는 순위 또는 공백이며 절대로 같은 문자 바로 뒤에 다시 오지 않는다(추가적인 무늬 문자와 공백 뒤에 올 수는 있다). 그런데 생성된 코드를 보면 어딘가에 좋은 해결책이 되는 데 도움이 되는 빛나는 조각이 숨어 있다. '포커 패와 유사한'이라는 표현을 생각하면 어떤 일이 일어나는지 알 수 있을 것이다.

```
>>> import re
>>> has_pair_regex = re.compile(
...     r"([^\u2660\u2665\u2666\u2663])\1+",
...     re.IGNORECASE | re.DOTALL)
>>> >>> has_pair_regex.findall("AK932")
[]
>>> has_pair_regex.findall("AK992")
['9']
>>> has_pair_regex.findall("AA922")
['A', '2']
>>> has_pair_regex.findall("AAA22")
['A', '2']
```

파이썬의 re.findall()은 꽤 흥미로운 메서드다. 이 메서드가 매치하는 것은 패턴 전체가 아닌 패턴 안 그룹이다. 순위가 한 번 이상 반복되더라도 해당 그룹의 첫 번째 문자만 생성된 리스트에 존재한다. 이는 트리플(혹은 포 카드)에서 페어를 구분하지 못한다. 하지만 '최소한 페어인' 다양한 순위의 리스트를 얻을 수 있다.

물론 여러 가지 방법으로 패턴을 수정해 일반적인 아이디어를 매치시킬 수도 있다(아마도 해당 클래스에서는 공백도 제외하는 것이 좋을 것이다). AI 코딩 어시스턴트의 제안을 무조건 믿어서는 안 되며, 건강하게 의심해야 한다. 제안된 코드 안에는 좋은 아이디어가 있겠지만 무엇을 수용하고 결정할 것인지는 여전히 인간 프로그래머의 몫이다.

쉽고, 어렵고,
불가능한 작업들

CHAPTER 5

Easy, difficult,
and impossible tasks

정규표현식으로 해결하기 어렵거나 불가능한 문제가 있는 반면 우아하고 세련되게 상황을 해결하기도 한다. 이번 장에서는 각 퍼즐이 어떤 상황을 묘사하는지 생각하게끔 유도할 것이다.

퍼즐 18 같은 카운트 식별하기

시작과 끝 기호의 균형을 맞추어라

종종 우리는 증가increment와 감소decrement 기호가 일치하는 메시지나 스트림을 만난다. 예를 들어 메시지 종료 여부를 확인하는 방법 중 한 가지는 기호의 증가와 감소를 대응시키는 것이다. 같은 개념을 다양한 유형의 메시지나 기호에 적용할 수도 있는데, 같은 개수의 포크와 나이프로 식탁을 세팅하고 싶은 경우가 그 예다.

이번 퍼즐에서는 일반적인 문제를 단순화하고자 A 문자로 시작해 동일한 수의 B 문자로 끝나는 문자열과 매치하는 정규표현식을 작성하자. 즉 AAABBB와 AAAAAAABBBBBBB는 매치하고 AAAABBBBBB는 매치하지 않아야 한다.

💬 저자생각) 수평적 사고가 답을 찾는 데 도움이 될 수 있다

정규표현식으로는 서로 다른 기호의 수가 동일한 패턴은 매치할 수 없다. 혹은 적어도 일반적인 경우에는 그렇게 할 수 없다. 물론 정확하게 일곱 개의 A와 일곱 개의 B가 필요한 경우에는 완벽하게 가능하다. 그러나 숫자가 커지면 해당 메시지를 매치하기 위해 '기계'는 추가적인 능력이 필요하다.

컴퓨터 과학이나 수학적 용어로 말하자면 정규표현식은 **비결정적 유한 상태 기계**nondeterministic finite automaton, NFA와 동등하다. 이때 정규표현식은 NFA로 바꾸어 간결한 문자열 패턴 매칭을 가능하게 한다.

더욱 강력한 기계는 푸시다운 자동 기계pushdown automata, PDA를 포함한다. PDA는 저장된 기호의 무한한 스택stack을 가지며 대체로 파서parser로 많이 사용된다. PDA는 비결정적 다양성을 가지면서도 튜링 기계Turing machine보다는 형식적으로 강력하지 않다. 즉 무언가의 출현을 세고 싶다면 숫자를 저장할 수 있는 변수(혹은 기호를 가질 수 있는 리스트 등의 데이터 구조)를 사용해야 한다.

정규표현식을 처음 사용하는 많은 사용자라면 퍼즐 18을 풀 수 있을 것 같다는 희망을 품는다. 또는 대괄호, 괄호, XML/HTML 태그의 열기/닫기를 매치하는 것과 동등한 것을 기대한다. 하지만 정규표현식은 다른 종류의 복잡성을 포함하기는 하나 변수나 데이터 구조는 포함하지 않는다.

(AI생각) 여기 용들이 있다

현재 AI 코딩 어시스턴트는 여기 용들이 있다Hic sunt dracones[17]는 것을 알리지 못한다. 코파일럿과 ChatGPT 모두 이번 퍼즐에서는 정확하게 같은 방식으로 실패한다. 게다가 ChatGPT는 늘 그랬던 것처럼 코파일럿보다 오류에 대해 훨씬 자신감 있게 대처하기까지 한다.

코파일럿은 필자가 만든 주석을 간결하고, 직선적이며, 잘못된 답을 제시한다.

```
# This regular expression only matches strings that consist
# of any number of 'A' characters, followed by the same number of 'B' characters.
# (이 정규표현식은 임의의 숫자의 'A' 문자 다음에 같은 숫자의 'B' 문자가 오는
# 문자열에만 매치한다.)
pattern = re.compile(r'^(A+)(B+)$')
```

이 패턴은 하나 이상의 A 다음에 하나 이상의 B가 오는 문자열과 일치한다. 두 문자의 숫자가 같아야 한다는 그 어떤 제약도 없다.

동일한 프롬프트에 ChatGPT는 다음과 같이 답했다.

---

17 (옮긴이) 고대 지도에서 아직 탐험하지 못했거나 발견되지 않은 미지의 영역을 표시할 때 사용한 라틴어다.

Here is a regular expression that will only match strings that consist of any number of A characters followed by the same number of B characters:

(다음은 임의의 숫자 A 문자 다음에 같은 숫자 B 문자가 오는 문자열에만 매치하는 정규표현식이다:)

```
^(A+)(B+)$
```

This regular expression uses the ^ and $ symbols to anchor the pattern to the start and end of the string, respectively. The A+ and B+ patterns match one or more A or B characters, respectively. The parentheses around each pattern capture the matched characters, so that you can access them later if needed.

(이 정규표현식은 ^와 $ 기호를 사용해서 해당 패턴을 문자열의 시작과 끝에 맞춘다. A+와 B+ 패턴은 한 문자 이상의 A, B에 각각 매치한다. 각 패턴을 감싼 괄호는 매치된 문자를 가지며, 필요한 경우 나중에 문자에 접근할 수 있다.)

Here are some examples of strings that will match this regular expression:

(다음은 이 정규표현식에 매치하는 문자열의 예시다:)

- AB
- AAB
- AAABBB
- AAAABBBB

And here are some examples of strings that will not match:

(다음은 이 정규표현식에 매치하지 않는 문자열의 예시다:)

- A(does not have any B characters)
- B(does not have any A characters)
- AAAB(has more A characters than B characters)
- AABBB(has more B characters than A characters)

ChatGPT는 필자 요청을 이해는 하지만 은유적인 방법으로 잘못된 코드를 생성했다. ChatGPT 주장에 따르면 AAABB는 해당 정규표현식에 일치한다. 그러나 이 패턴은 매치되면 안 되는 패턴이다. 그런데 ChatGPT가 말하는 매치되지 않는 패턴 설명은 필자가 요청한 동작과 놀랍도록 일치한다. 물론 실제로는 ChatGPT와 코파일럿이 제안한 정규표현식은 AAAB, AABBB와 매치될 것이다. 매치되면 안 되는 콘텍스트는 결과만 보자면 올바르게 추출되었다.

아주 사소한 문제이지만 논리학자는 '임의의 숫자의 A 문자'에는 0 문자도 포함되어야 한다고 지적할 것이다. 따라서 +가 아니라 *가 더 적합한 수량자일 수도 있다. 하지만 필자가 제공한 설명에서 어떤 동작이 선호되는지 파악하는 데는 영어 자체의 모호함도 있어 파악하기 애매할 수 있다는 점을 유의하자.

단어가 중복되기 전에 매치하기

전체 문자열 안에서 중복되지 않는 초기 접두사를 매치하라

이전 퍼즐에서는 정규표현식으로 매치할 수 있을 것이라 기대했지만 실제로는 정규표현식으로 표현할 수 없는 몇 가지 매치 패턴을 확인했다. 이번 퍼즐에서는 매치할 수 있을지, 매치할 수 있다면 어떻게 가능한지 생각해보자. 매치가 불가능할 수도 있다. 그리고 예시에서 보여주는 가상의 pat이 존재하지 않을 수도 있다.

문자열의 모든 초기 단어(단어를 둘러싼 구두점이나 공백 포함)를 매치하되 문자열에서 중복되는 단어가 나오기 전까지만 매치하는 정규표현식을 작성해보자.

```
s1 = "this and that not other"
assert re.match(pat, s1).group() == s1
```

re.match()는 매치하는 문자열을 찾을 때 항상 문자열의 앞에서 시작한다. re.search()를 선호한다면 패턴을 ^로 시작해야 한다. 첫 번째 예시에서는 구문 안에 어떤 단어도 반복되지 않으므로 전체 구문이 매치한다. 반면 두 번째 예시는 다르다.

```
s2 = "this and that and other"
assert re.match(pat, s2).group() == 'this '
```

첫 번째 단어인 this는 다시 나타나지 않고, 두 번째 단어인 and는 구문 안에서 다시 나타난다. 따라서 and와 중복된 단어 이후의 모든 단어는 배제되어야 한다.

🗨️ 저자 생각 │ 요구 사항을 만족시킬 패턴을 찾아라

이번 매치 패턴은 정규표현식으로 작성할 수 있다. **역참조**(\)backreference를 사용해야 확인할 수 있으며, 정규표현식 엔진의 표준 기능이다.

```
((\w+\b)(?!.*\2\b)\W*)+
```

역참조와 함께 부정적인 전방 탐색 어서션을 사용한다. 즉 매치하는 기본 대상은 (\w+\b)\W*)+이다. 하나 이상의 영문자 또는 숫자 \w 뒤에 단어 경계가 따르며 단어 뒤에는 0개 이상의 비영문자 및 비숫자 문자가 올 수 있다. 그 후에 전체적으로 해당 일반 패턴을 한 번 이상 매치시킨다. 영문자 및 숫자 범위가 너무 넓다면 일반적인 개념을 바꾸지 않고도 [A-Za-z]로 범위를 제한할 수 있다.

지금까지는 괜찮은 진행이다. 하지만 반복되는 단어를 제외하지 않았다. 부정적 전방 탐색인 (?!.*\2\b)를 사용하면 반복 단어를 제외할 수 있다. 즉 나머지 문자열을 전체적으로 살펴본 후 현재 매치된 단어와 같은 단어는 없는지 확인하는 것이다. 처음 .*는 0개 이상의 모든 문자와 일치하며, \2는 현재 매치된 단어와 일치한다. 현재 단어가 접두사가 되는 더 긴 단어는 허용되어야 하기 때문에 부정적 전방 탐색에서는 계속해서 단어 경계를 사용한다.

그룹에 번호를 붙이는 방식을 유념하자. 표현식 전체(+ 수량자가 아닌)를 괄호로 감쌌기 때문에 전체 그룹이 1번이다. 현재 단어와 일치하는 내부의 첫 번째 하위 패턴은 그룹 2이므로 \2라고 부른다.

ChatGPT에 다음과 같은 프롬프트를 작성해 퍼즐을 제시했다.

 Please write a regular expression that will match all the initial words of a string (including any punctuation or spacing that might surround words), stopping before any word that is duplicated in the string.

(문자열의 모든 첫 번째 단어(단어를 둘러싼 모든 구두점 또는 공백을 포함하는)에 매치하고, 해당 문자열의 중복되는 단어 앞에서 멈추는 정규표현식을 작성하라.)

다음은 ChatGPT의 전체 답변이다. 매우 흥미로운 점과 어처구니없는 점이 뒤섞여 있다.

 Here is a regular expression that will match all the initial words of a string, stopping before any word that is duplicated in the string:

(다음은 문자열의 모든 첫 번째 단어에 매치하고 해당 문자열의 중복되는 단어 앞에서 멈추는 정규표현식이다.)

```
\b(\w+)\b(?!.*\b\1\b)
```

Explanation:

(설명:)

- \b is a word boundary, which matches the position between a word character (as defined by \w) and a non-word character.

  (\b는 단어 경계이며 단어 문자(\w로 정의)와 비단어 문자 사이의 위치와 일치한다.)

- (\w+) is a capture group that matches one or more word characters (letters, digits, or underscores). The capture group is used to capture the matched word.

  ((\w+)는 하나 이상의 단어 문자(문자들, 숫자들, 언더스코어들)와 매치하는 **캡처 그룹**capture group 이다. 캡처 그룹은 매치된 단어를 잡기 위해 사용된다.)

- (?!...) is a negative lookahead assertion, which means that the regular expression should not match if the pattern inside the lookahead is found immediately following the current position.

((?!...)는 부정적 전방 탐색 어서션으로, 전방 탐색 내부의 패턴이 현재 위치 다음에 발견되는 즉시 해당 정규표현식이 매치되지 않아야 한다는 것을 의미한다.)

- .* is a wildcard that matches any character (except a newline) zero or more times.

  (.*는 0개 이상의 모든 문자(줄 바꿈 문자 제외)와 매치되는 와일드카드다.)

- \b is a word boundary, as described above.

  (\b는 단어 경계다. 앞서 설명했다.)

- \1 is a backreference to the first capture group, which refers to the word matched by (+).

  (\1은 첫 번째 캡처한 그룹, 즉 (\w+)에 의해 매치된 단어에 대한 역참조다.)

- \b is a word boundary, as described above.

  (\b는 단어 경계다. 앞서 설명했다.)

This regular expression will match the first word in the string, followed by any subsequent words that do not appear earlier in the string. If a word appears earlier in the string, the negative lookahead assertion will cause the regular expression to stop matching.

(이 정규표현식은 문자열의 첫 번째 단어, 그리고 해당 단어가 이후에는 나타나지 않는 문자열과 매치한다. 한 단어가 문자열의 앞쪽에 나타나면 부정적 전방 탐색 어서션은 해당 정규표현식의 매치를 일찍 중단시킨다.)

For example, the regular expression will match the following strings:

(예를 들어 이 정규표현식은 다음 문자열에 매치한다:)

- "The quick brown fox" (match: "The quick brown")
- "foo bar baz" (match: "foo bar")

But it will not match the following strings:

(하지만 이 정규표현식은 다음 문자열에 매치하지 않는다:)

- "foo bar foo" (no match)
- "The quick brown the" (no match)

ChatGPT가 제안한 패턴은 대부분 옳다. 특히 **부정적 전방 탐색 어서션**_{negative lookahead assertion}을 사용해야 한다는 중요한 점을 포착했다. 하지만 완전히 옳은 패턴 또한 아니다. 첫 번째 단어가 (중복되지 않는다면) 매치하거나 (중복된다면) 아예 매치하지 않기 때문이다.

이 응답은 직관적으로 개선할 수 있다. 해당 정규표현식을 추가적인 괄호로 감싸고 전체 그룹을 * 혹은 +으로 한정하면 된다. 유일한 차이점은 첫 번째 단어가 반복되었을 때 반환하는 것이 빈 문자열인지 아니면 None인지다. 이는 퍼즐 문장에 관한 합리적인 해석이다.

ChatGPT가 제안한 정규표현식의 각 요소는 매우 자세하게 설명되었으며, 내용 또한 정확하다. 다른 프롬프트들에서는 수다스럽지 않았고 짧게 대답했지만 이번 프롬프트에서 정규표현식의 각 요소에 대한 세부적인 설명을 한 이유는 알 수 없다. 부정적 전방 탐색 방식을 찾아낸 자신의 영리함에 자부심을 느껴 수다스러워진 것일지도 모른다.

그런데 혼란스러운 점이 있다. 직전 퍼즐인 퍼즐 18에서는 정규표현식은 잘못되었지만 설명과 대부분 예제는 옳았던 반면, 이번 퍼즐에서는 정규표현식이 (대부분) 옳지만 설명과 예제는 완전히 헛소리라는 점이다.

문자열 "The quick brown fox"는 문자열 전체가 매치되어야 하지만 제안된 정규표현식에서는 "The"만 매치한다. 따라서 "The quick brown"과 매치된다고 주장하는 것은 양쪽 모두 잘못된 것이다. "foo bar baz" 역시 동일한 방식으로 잘못되었다.

ChatGPT는 "foo bar foo"가 명시된 목표나 제공된 패턴과 모두 일치한다고 올바르게 주장한다. 그러나 "The quick brown the"는 조금 잘못되었다. 대소문자를 구분하지 않도록 패턴을 조정한다면 "The"와 "the"는 단어 반복이 되므로 매치하지 않는데, ChatGPT는 이 예시에서 합리적인 예시도 함께 발견했다.

퍼즐 20 IPv4 주소 테스팅하기

IPv4 주소 테스팅하기

IPv4 주소 형식을 실용적으로 매치하라

인터넷 프로토콜 버전 4 Internet Protocol version 4, IPv4는 컴퓨터를 사용하는 모든 곳에서 널리 사용된다. IPv4 주소는 부호 없는 32비트 정수일 뿐이다. 사람이 쉽게 인식할 수 있도록 마침표로 구분한 네 개의 숫자(쿼드)dotted quads 방식으로 표기한다. 주소의 각 바이트는 0부터 255까지의 10진수로 표시되며(정수 바이트 범위) 마침표를 사용해 네 개의 바이트를 구분한다.

일부 특정한 주소 범위는 특별한 혹은 예약된 의미를 갖는다. 하지만 이들 역시 여전히 IPv4 주소이며 이번 퍼즐에서 매치해야 한다. 주어진 문자열이 유효한 IPv4 주소인지 테스트하는 정규표현식을 작성해보자.

- 유효함: 192.168.20.1
- 유효하지 않음: 292.168.10.1
- 유효하지 않음: 5.138.0.21.23
- 유효하지 않음: 192.AA.20.1

첫 번째 주소는 유효한 주소다. 일반적으로 하나의 조직(일반적으로 하나의 특정한 라우터) 내에서 사용되는 내부 주소로 예약된 범위이므로 많은 로컬 네트워크에 존재한다. 다른 주소들은 다양한 이유로 실패한다.

첫 번째 유효하지 않은 주소는 한 개의 숫자가 허용된 정수 범위를 벗어난다. 두 번째 유효하지 않은 주소는 네 개의 숫자가 아니라 다섯 개의 숫자가 마침표로 구분되어서 구성되어 있다. 세 번째 유효하지 않은 주소는 한 개의 숫자에 10진수 숫자가 아닌 문자를 포함하고 있다.

이 문제에 대해 정규표현식이 충분히 강력한지 질문하라

세 개의 마침표와 네 개의 숫자로 구성되어 마침표로 구분된 네 개의 숫자를 매치하는 것은 매우 쉽다. 다음과 같은 정규표현식을 사용하면 된다.

```
^(\d{1,3}\.){3}\d{1,3}$
```

이 코드는 모든 IPv4 주소와 매치된다. 하지만 992.0.100.13 같은 유효하지 않은 IP 주소도 매치된다. 3~9로 시작하는 모든 세 자리 숫자를 매치하는 것은 잘못된 것이다. 이 부분을 수정해 유효한 백의 자리 숫자만 허용하도록 할 수 있다.

```
^([12]?\d{1,2}\.){3}[12]?\d{1,2}$
```

이 코드는 **거짓 양성**false positive이 훨씬 적다. '하나의 1 또는 2로 시작하고, 이후 한 개 혹은 두 개의 숫자가 뒤따른다(마침표로 구분한 내 개의 숫자에 대해 반복된다)'를 의미한다. 여기까지는 좋다. 992.0.100.13은 걸러진다. 하지만 잘못된 숫자를 포함한 271.10.199.3 주소는 여전히 매치된다.

이 문제를 해결하려면 허용할 수 있는 네 개의 숫자를 모두 나열해야 한다. 즉 하나의 숫자가 25로 시작하는 세 자리 숫자라면 마지막 자리는 0에서 5까지만 허용할 수 있다. 그리고 하나의 숫자가 2로 시작한다면 다음 숫자는 반드시 5 이하여야 한다.

```
^((25[0-5]|2[0-4]\d|[01]?\d\d?)\.){3}(25[0-5]|2[0-4]\d|[01]?\d\d?)$
```

다소 복잡해 보이는 패턴이지만 구성을 보면 매우 명확하고 우아하다. **숫자 수량자**number quantifier {3} 이후의 모든 것은 이전 하위 패턴의 반복을 나타낸다. 네 번 반복하지 않은 이유는 세 개 숫자는 마침표로 끝나지만 마지막 숫자 뒤에는 아무것도 오지 않아야 하기 때문이다.

주요 하위 패턴은 간단한 선택지의 반복이다. 하나의 숫자는 25[0-5] 또는 2[0-4]\d처럼 보일 수 있다. 이는 200 이상의 범위에서 모든 유효한 숫자를 나타낸다. 나머지 숫자는 좀 더 신중하게 접근해야 한다.

하나의 숫자가 2로 시작하지 않는 세 자리 숫자라면 그것은 1 또는 0으로 시작하는 세 자리 숫자일 수 있다. 관습적으로 맨 앞의 0은 표시하지 않지만 필수는 아니다. 그러나 두 자리나 한 자리 숫자도 흔히 사용되며, 이러한 두 자리 또는 한 자리 숫자는 모두 허용된다. 따라서 처음 [01]을 옵셔널optional로 만들고 \d?로 마지막 자리도 옵셔널로 만든다. 이제 허용 가능한 나머지 숫자를 모두 얻을 수 있다.

🤖 AI 생각) 나는 기계가 되고 싶어

이번 퍼즐은 집필 시점을 기준으로 AI 코딩 어시스턴트의 성능 차이를 보여주는 퍼즐 중 하나다. 코파일럿에 'Match an IPv4 address(IPv4 주소를 매치하라)'는 코드 주석으로 물었더니 다음과 같은 제안을 했다.

```
re.compile(r'(?P<first>\d+)\.(?P<second>\d+)\.' +
           r'(?P<third>\d+)\.(?P<fourth>\d+)')
```

굉장히 끔찍한 제안이다. 코파일럿의 제안은 모든 IPv4 주소를 매치시키면서 모든 위치에 최소한 하나의 숫자가 있고 점으로 구분된 네 개의 숫자와 비슷한 문자열도 매치시킨다. 예를 들어 56789.1.0.0987654도 IPv4 주소라고 주장할 것이다.

코파일럿이 IPv4 주소에 이름이 지정된 그룹을 사용하라고 제안한 것은 꽤 흥미롭다. 이는 제공된 주소를 기반으로 /16, /24 서브넷subnet 같은 것을 처리할 때 유용할 수도 있다. 하지만 프롬프트에는 이를 의미하는 언급을 하지 않았다.

며칠이 지난 후 깃허브 코드스페이스(로컬 네오빔 플러그인이 아니었다. 중요하지는 않지만 누가 알겠는가)에서 코파일럿을 다시 시도했다. 두 번째 시도에서는 코파일럿이 조금 개선된 답을 내놓았다.

```
re.compile(r"""
    (\d{1,3})\.(\d{1,3})\.(\d{1,3})\.(\d{1,3})
    # Match 4 groups of 1-3 digits""", re.VERBOSE)
```

코드 주석(# Match 4 groups of 1-3 digits)은 코파일럿이 작성했다. 여전히 잘못된 답변이지만, 1-3이라는 숫자 시퀀스만 허용하면서 첫 번째 답변에서 받아들였던 거짓 양성을 꽤 많이 제외했다.

ChatGPT는 이 퍼즐을 굉장히 훌륭하게 완료했다. 첫 번째 프롬프트는 다음과 같다.

Write a **regular expression** to match an IPv4 address.

(IPv4 주소를 매치하는 정규표현식을 작성하라.)

ChatGPT는 'I'm sorry … I am a large language model … and my knowledge is limited

(죄송하다. … 나는 대형 언어 모델이다 … 또한, 내 지식은 제한되어 있다)'는 일반적인 답변을 내놓았다.

프롬프트를 다음과 같이 개선해 ChatGPT에 다시 제시했다.

Write a **Python program** to match an IPv4 address.

(IPv4 주소를 매치하는 파이썬 프로그램을 작성하라.)

사람이 보면 조금 웃긴 답변이지만 함수는 상당히 우수했다. 또한, 훌륭한 테스트 케이스 및 코드 사용 이유를 매우 명확하게 설명했다.

Here is a Python program that uses regular expressions to match an IPv4 address:

(다음은 정규 표현식을 사용해 IPv4 주소를 매치하는 파이썬 프로그램이다:)

```python
def match_ipv4_address(string):
    regex = r"\b(?:(?:25[0-5]|2[0-4][0-9]" \
               r"|1[0-9][0-9]" \
               r"|[1-9]?[0-9])\.){3}" \
            r"(?:25[0-5]|2[0-4][0-9]|1[0-9][0-9]|[1-9]?[0-9])\b"
    return re.search(regex, string) is not None
```

```
print(match_ipv4_address("192.168.1.1"))        # True (진실)
print(match_ipv4_address("1.1.1.1"))            # True (진실)
print(match_ipv4_address("255.255.255.255"))    # True (진실)
print(match_ipv4_address("0.0.0.0"))            # True (진실)
print(match_ipv4_address("invalid_ip"))         # False (거짓)
```

물론 생성된 정규표현식의 몇 가지 요소에 대해 질문할 수 있지만 코드는 대체로 올바른 편이다. 예를 들어 +\d{2}+는 [0-9][0-9]보다 훨씬 간결하고 표현력이 있다. 조금 까다롭게 보자면 여기에 '10진수 숫자(Nd)' 유니코드 범주가 서양의 아라비아 숫자뿐만 아니라 다른 문자를 포함되어 있으며, IPv4는 이를 허용해야 한다.

21 숫자 시퀀스 매치하기

연속해서 두 배가 되는 숫자를 나타내는 시퀀스를 매치하라

여러분에게 한 가지 열쇠를 제공하면 이번 퍼즐은 풀 수 있을 것이다. 하지만 이어지는 (관련된) 세 개의 퍼즐은 풀 수 있다는 보장을 하지 못한다.

정규표현식은 숫자를 이해하지 못한다. 7 또는 777은 문자열에서 일치하는 숫자 시퀀스일 수 있지만 정규표현식 관점에서는 다른 문자 패턴과 본질적으로 다르지 않다. 수량자는 숫자를 표현할 수 있는데, 0/1은 ?, 0개 이상은 *, 1개 이상은 +로 표현한다. 파이썬이 사용하는 확장된 정규표현식에서는 {3, 6}으로 '세 개 이상 여섯 개 이하'라는 특정한 수를 표현할 수도 있다. 하지만 계산된 수가 아닌 구체적인 수라는 사실을 알아두자.

이처럼 정규표현식이 숫자를 이해하지 못하지만 정규표현식으로 다른 정수 시퀀스를 인식하고 구별해보자. 퍼즐 21의 핵심은 정수를 동일한 문자의 반복으로 나타내는 것이며, 반복 수가 (적어도 우리에게는) 숫자를 의미할 수 있다는 점이다.

이번 퍼즐에서는 연속해서 두 배가 되는 문자열을 식별하고 해당 패턴이 아닌 모든 문자열을 제외한다. 한 단위는 @ 기호를 사용해 나타낸다. 정규표현식에서 사용할 수 있으며, 정규표현식 패턴 내에서 특수한 의미를 갖지 않기 때문이다. 공백을 사용해 숫자 사이를 구분할 수도 있는데, 다음과 같이 예를 들 수 있다.

```
>>> s1 = "@@@ @@@@@@ @@@@@@@@@@@@ "        ← 3 6 12
>>> s2 = "@ @@ @@@@ @@@@@@@@ @@@@@@@@@@@@@@@@ "  ← 1 2 4 8 16
>>> s3 = "@@ @@@@ @@@@@ @@@@@@@@@@ "        ← 2 4 5 10
>>> s4 = "@ @ @@ @@@@ "                    ← 1 1 2 4
>>> for s in (s1, s2, s3, s4):
...     match = re.search(pat, s)
...     if match:
...         print("VALID", match.group())
...     else:
...         print("INVALID", s)

VALID @@@ @@@@@@ @@@@@@@@@@@@             ← 3 6 12
VALID @ @@ @@@@ @@@@@@@@ @@@@@@@@@@@@@@@@  ← 1 2 4 8 16
INVALID @@ @@@@ @@@@@ @@@@@@@@@@          ← 2 4 5 10
INVALID @ @ @@ @@@@                       ← 1 1 2 4
```

생성한 패턴은 길이에 관계없이 두 배씩 증가하는 연속된 숫자의 문자열을 매치해야 하며 끝까지 이어지지 않는 문자열은 매치하지 않아야 한다. 또한, 마지막 숫자 뒤에는 하나의 공백이 있어야 한다. 그렇지 않으면 종료되지 않기 때문에 매치하면 안 된다.

👤 저자 생각 해결책이 될 수 없는 것을 배제하라

먼저 해결책부터 살펴보자.

```
^(((@+) )(?=\3\3 ))+(\3\3 )$
```

해결책은 여러 단계를 거치게 된다.

1. 문자열의 시작 부분에서 시작해야 한다(^). s4에서 실패한 부분이다. 접두사로 두 번 중복되지만 시작 부분에서 시작되어야 한다.

2. 적어도 하나의 @ 기호를 매치시키고 연속된 개수만큼 일치시킨다. @ 기호 그룹 다음에는 해당 그룹에 포함되지 않는 하나의 공백이 나온다.

3. 마지막으로 본 그룹의 두 배만큼 @ 기호가 있는 패턴을 전방 탐색한다. 이를 \3\3으로 표기했지만 같은 의미를 가진 \3{2}로 표기할 수도 있다.

4. 마지막으로 모든 전방 탐색과 그룹을 반복한 뒤 문자열 끝 직전에 있는 전방 탐색과 동일한 패턴을 수집한다. match.group() 안에 전체 시퀀스가 있어야 하며 마지막 숫자도 포함해야 한다.

(AI 생각) 밀과 체스보드

앞서 살펴본 다른 퍼즐과 마찬가지로 ChatGPT는 거의 올바른 응답을 생성하거나 올바른 아이디어를 포함하지만 실제 해결책은 아니다. ChatGPT의 응답 자체를 무엇이 옳고 무엇이 그른지 살펴보는 것은 지금까지 살펴본 내용의 단순 반복에 지나지 않는다.

이번 퍼즐은 다른 방향으로 생각해볼 좋은 기회다. AI 코딩 어시스턴트 중 하나를 선택해 현재 작업 중인 (목적만 설명할 수 있는) 일부 코드를 완성하도록 요청할 수 있다. 이때 AI 코딩 어시스턴트는 어느 정도 올바른 것을 만들어내고, 만들어진 코드 안에 쉽게 고칠 수 있는 버그를 포함하기도 한다. 물론 필자는 경험이 많고 능력 있는 프로그래머이기 때문에 AI 코딩 어시스턴트의 제안을 항상 신중히 검토한 후 받아들인다.

이런 관점에서 봤을 때 주니어 프로그래머와 AI는 어떻게 다를까? 이때 안타깝게도 현업에서 수많은 코드 작업을 했던 사람으로서 필자는 '주니어 프로그래머'라는 호칭에 20년 이상의 경력의 '시니어 개발 리드'라는 직함을 가진 이들까지 포함시키기도 한다.

이와 같은 딜레마를 해결하고자 필자가 제안하는 유일한 해결책은 **테스트 주도 개발**test-driven development, TDD이다. 테스트 주도 개발은 거의 항상 **코드베이스**codebase를 개발하는 올바른 방법이다. **테스트 커버리지**test coverage 없이는, 그리고 개발 프로세스와 통합되어 실제로 실행되는 테스트 없이는 올바른 코드인지 거의 알 수 없다. AI 코딩 어시스턴트는 테스트 작성을 돕는 데 도움이 될 수는 있을지 몰라도 단위 테스트의 핵심은 역량이 뛰어난 독자가 즉시 명확하게 이해할 수 있어야 한다는 점이다. 이는 AI가 제안한 단위 테스트를 검토해야 한다는 것을 의미하기도 한다.

이번 퍼즐에서 필자는 ChatGPT에 다음과 같이 질문했다.

Suppose that sequences of integers are represented by repeated characters, separated by a space. For example, the sequence 1, 3, 5 is represented as @ @@@ @@@@@. Please write a regular expression that detects whether such a sequence represents each number doubling the previous one.

(정수 시퀀스는 반복되는 문자로 표현 및 공백으로 구분된다고 가정한다. 예를 들어 1, 3, 5라는 시퀀스는 @ @@@ @@@@@로 표현된다. 각 숫자가 이전 숫자를 두 배로 만드는지 나타내는 문자열 검출 정규표현식을 작성하라.)

Here is a regular expression that can detect whether a given string represents a sequence of integers where each number is double the previous one:

(다음은 각 숫자가 이전 숫자의 두 배가 되는 정수 시퀀스를 주어진 문자열이 나타내는지 검출하는 정규표현식이다:)

```
^@(?: \@{2})*$
```

Explanation:

(설명:)

- ^ and $ anchor the regular expression to the start and end of the string, respectively.

  (^와 $는 정규표현식을 각각 문자열의 시작과 끝에 고정시킨다.)

- @ matches the character @.

  (@는 문자 @와 매치된다.)

- (?:...) is a non-capturing group, which means that it groups together a set of patterns but does not capture the matching text as a separate group.

  ((?:...)는 비캡처링 그룹이며 패턴 집합을 그룹화하기는 하나 매치하는 텍스트를 별도의 그룹으로 캡처하지 않는다.)

- \@{2} matches the character @ repeated exactly two times.

  (\@{2}는 @ 문자를 정확하게 두 번 반복하는 것에 매치한다.)

- * after the non-capturing group indicates that the preceding pattern (in this case, \@{2}) can be matched zero or more times.

  (비캡처링 그룹 뒤의 *는 앞의 패턴(이 경우에는 \@{2})이 0번 이상 매치된다는 것을 나타낸다.)

This regular expression will match a string that starts with an @ character, followed by zero or more occurrences of a space followed by two @ characters.

(이 정규표현식은 @ 문자로 시작하고, 0개 이상의 공백 이후 두 개의 @ 문자가 오는 문자열과 매치된다.)

핵심 아이디어는 역참조와 수량자 또는 반복을 사용해 두 번 발생하는 것을 나타내는 것이다. 그러나 ChatGPT가 제안한 패턴은 @ @@ 문자열만 매치하고 우리가 원하는 다른 것에는 매치하지 않는다. 예를 들어 @ @@ @@ @@는 매치하지만 @ @@ @@@@나 @@@ @@@@@@는 매치하지 않는다. 필자의 해결책과 ChapGPT의 해결책을 비교하는 것은 여러분이 직접 해보기를 바란다.

공정성을 유지하고자 ChatGPT에 실제 매치된 그룹을 반환하는 것이 아니라 패턴이 매치하는지 판단하는 것만 요구했다. 이런 제한 때문에 필자가 사용한 적극적인 전방 탐색과 접미사 접근 방식이 아닌 비캡처링 그룹을 활용하는 방법을 택했을 것이다. 그리고 끝 공백을 구분자로 나타내는 프롬프트를 입력하지 못하고 ChatGPT에 제안했는데, 이는 비교적 사소한 차이만 불러올 뿐이니 신경 쓰지 않아도 된다.

피보나치 수 매치하기

피보나치 수를 나타내는 문자열을 매치하라

지금부터 이전 퍼즐보다 어려운 퍼즐을 풀어보자. 정규표현식이 이 시퀀스를 표현할 만큼 충분히 강력한지는 분명하지는 않다. 직접 해결책을 생각해보거나 정규표현식으로 푸는 것이 불가능한지 생각한 후에 다음으로 진행하자.

피보나치 수 Fibonacci sequence는 유명한 재귀적 관계다. 이 시퀀스의 각 숫자는 자신의 앞에 있는 두 숫자의 합으로 나타난다. 따라서 피보나치 수의 첫 번째 숫자는 다음과 같다.

```
1 1 2 3 5 8 13 21 34 55 89 144
```

사실 피보나치 수는 일반적으로 **뤼카 수열**Lucas sequence이라고 알려진 재귀적인 무한 반복 수열 중 하나다. 뤼카 수열은 첫 번째 요소가 2와 1(1과 1이 아닌)이다. 여기에서는 두 요소가 주어졌을 때 다음 요소가 이전 두 요소의 합으로 나타나는 피보나치 수와 유사한 시퀀스를 매치하는 과정을 살펴본다.

이전 퍼즐처럼 수열은 반복되는 @ 기호와 공백으로 나타낸다.

```
fibs1  = "@ @ @@ @@@ @@@@@ @@@@@@@@ "       ← 통과: 1 1 2 3 5 8
fibs2  = "@ @ @@ @@@ @@@@@ "                 ← 통과: 1 1 2 3 5
lucas1 = "@@ @ @@@ @@@@ @@@@@@@ @@@@@@@@@@@ " ← 통과: 2 1 3 4 7 11
lucas2 = "@@@ @ @@@@ @@@@@ @@@@@@@@@ @@@@@@@@@@@@@@ " ← 통과: 3 1 4 5 9 14
wrong1 = "@ @ @@@ @@@@ @@@@@@@ @@@@@@@@@@@ "  ← 실패: 1 1 3 4 7 11
wrong2 = "@ @ @@ @@@ @@@@ @@@@@@@ "          ← 실패: 1 1 2 3 4 7
wrong3 = "@ @ @@ @@@@ @@@@@@ "               ← 실패: 1 1 2 4 6
```

인코딩된 문자열에서 피보나치 수와 유사한 시퀀스만 매치하는 정규표현식을 작성할 수 있는가?

황금비 나선은 우아하게 피보나치 수를 일반화한다

정규표현식을 사용해서 인코딩된 피보나치 수와 유사한 시퀀스를 적절하게 매치할 수 있는 것은 이미 잘 알려진 사실이다. 이전 두 요소를 더하는 것은 앞선 퍼즐처럼 이전 요소를 단순히 두 배로 하는 것과 매우 유사하다.

이번 퍼즐의 해결책과 이전 퍼즐의 해결책에는 아주 큰 차이점이 있다. 바로 전방 탐색 패턴에서 두 개의 그룹을 역참조해야 한다는 점이다. 이전 퍼즐인 퍼즐 21을 살펴본 후 이번 퍼즐을 보자. 이번 정규표현식은 매우 복잡하다. 의미를 이해하려면 장황한 형식의 정규표현식을 사용해야 한다.

장황한 형식에서는 **리터럴**literal **공백**을 지정하려면 \를 사용해야 한다. 전방 탐색 그룹 내에서는 \를 부분적인 역참조로 인식할 수 있기 때문에 [ ]를 사용한다.

```
pat = re.compile(r"""
    ^                    # Start of candidate sequence (후보 시퀀스의 시작)
    (                    # Group that will be repeated (반복되는 그룹)
        ((@+)\ (@+)\ )   # Two blocks of one or more @'s (한 개 이상의 @를 가진 두 블록)
        (?=$|\3\4[ ])    # Lookahead to concatenation of last two
                         # (이전 두 개의 연결에 대한 전방 탐색)
    )+                   # Repeat numbers plus sum at least once
                         # (숫자와 합을 한 번 이상 반복)
    (@+\ )?              # Capture the final "number" (마지막 "숫자"를 캡처)
    $                    # End of candidate sequence (후보 시퀀스의 끝)
    """, re.VERBOSE)

for name, seq in seqs.items():   ◀── seqs는 평가되는 모든 문자열의 디렉터리(예: {"fibs1": fibs1, …})
    match1 = re.search(pat, seq)
    match2 = re.search(pat, seq.split(" ", 1)[1])
    match = match1 and match2
    print("VALID" if match else "INVALID", name, seq)
```

출력 결과는 다음과 같다.

```
VALID fibs1 @ @ @@ @@@ @@@@@ @@@@@@@@
VALID fibs2 @ @ @@ @@@ @@@@@
```

```
VALID   lucas1 @@ @ @@@ @@@@ @@@@@@@ @@@@@@@@@@@
VALID   lucas2 @@@ @ @@@@ @@@@@ @@@@@@@@@ @@@@@@@@@@@@@@
INVALID wrong1 @ @ @@@ @@@@ @@@@@@@ @@@@@@@@@@@
INVALID wrong2 @ @ @@ @@@ @@@@ @@@@@@@
INVALID wrong3 @ @ @@ @@@@ @@@@@@
```

해결책으로 정규표현식 자체를 넘어서 파이썬 코드를 사용했다. 전체 문자열만 고려하면 wrong3이 잘못 매치된다는 점은 문제다. 문자열의 시퀀스는 1, 1, 2, 4, 6이다. pat은 한 번에 숫자를 두 개씩 캡처하기 때문에 1 + 1 = 2, 2 + 4 = 6만 확인하며, 한 번의 매치에서 1 + 2가 4와 같지 않다는 것은 확인되지 않는다. 전체 시퀀스와 시퀀스의 꼬리(첫 번째 숫자는 제외) 모두를 확인하면서 전체를 확인한다.

파이썬 지향적Python-oriented인 seq.split(" ", 1)[1]은 정규표현식을 사용하지 않고 두 번째 문자열을 만들어 비교의 누락을 피했기 때문에 꼼수일 수 있으나 두 패턴을 생성해 더욱 정규표현식 지향적regular expression oriented이 될 수 있다. 두 패턴 중 두 번째 패턴은 모든 초기 숫자를 캡처하며, 마지막 숫자만 정량화하고 전방 탐색한다. 해당 접근 방식의 자세한 내용은 여러분이 생각해보자.

 (AI 생각) 자연의 프랙털 기하학

AI 코딩 어시스턴트에 기회를 주고자 질문을 단순화해 뤼카 수열의 일반화가 아닌 피보나치 수의 일반화만 물었다. ChatGPT에 다음과 같은 프롬프트를 작성해 요청했다.

> Using the same encoding of numbers in which N repeated @ symbols represent the number N, please write a regular expression that will detect whether a sequence is the start of the Fibonacci sequence.
>
> (@ 기호가 N번 반복되는 것을 숫자 N으로 나타내는 인코딩 방법으로 주어진 시퀀스가 피보나치 수의 시작인지 아닌지 식별하는 정규표현식을 작성하라.)

ChatGPT는 어떤 질문이 주어지든 반드시 대답을 한다. 그래서 전혀 의미 없는 대답을 내놓기도 한다. 필자는 ChatGPT에 필자에 대한 위키피디아 글과 이력서를 작성하라고 요청한 적이 있다. 예를 들어 'David Mertz, Python programmer, etc.'처럼 나오도록 말이다. 이와 같은 요청을 다른 이들이 하는 것을 보기도 했다. ChatGPT의 결과물은 정말 진짜처럼 보였고 잘 작성된 편이었다. TV 진행자인 스테판 콜베어Stephen Colbert는 농담처럼 이를 '주관적 진실truthiness'이라 말했다(정확성을 고려하지 않았을 때 보면 '진실처럼 보인다'는 의미다). 게다가 ChatGPT가 필자를 설명하기 위해 만들어낸 것 중 몇 가지는 사실이었다. 왜냐하면 필자의 이름이 훈련 말뭉치에 포함되어 있고, 이름이 이력서나 유사한 문서에서 나타날 가능성이 있는 부분에 위치해 있었기 때문이다. 그 밖에 가정된 내용들은 사실이 아니지만 이력서에 충분히 쓸 것 같은 종류의 것이었다. 예를 들어 필자는 대학과 대학원을 졸업했지만 ChatGPT가 만들어낸 대학과 대학원은 아니었다. 하지만 ChatGPT는 필자가 가고 싶어했을 만한 학교를 선택했다.

다시 책으로 돌아와 프롬프트에 대한 ChatGPT 답변을 살펴보자.

Here is a regular expression that can detect whether a given string represents the start of the Fibonacci sequence:

(다음 정규표현식은 주어진 문자열이 피보나치 수의 시작을 나타내는지 식별한다:)

```
^@(?: @(?!.*@.*@)| @{3,}(?!.*@.*@))*$
```

Explanation:

(설명:)

- ^ and $ anchor the regular expression to the start and end of the string, respectively.

  (^와 $는 정규표현식을 각각 문자열의 시작과 끝에 고정한다.)

- @ matches the character @.

  (@는 @ 문자와 매치한다.)

- (?:...) is a non-capturing group, which means that it groups together a set of patterns but does not capture the matching text as a separate group.

  ((?:...)는 비캡처링 그룹이며, 패턴 집합을 그룹화하지만 일치하는 텍스트를 별도의 그룹으로 캡처하지는 않는다.)

- @(?!.@.@) is a positive lookahead assertion. It matches a single @ character only if it is not followed by two @ characters anywhere in the string.

  (@(?!.@.@)는 긍정적 전방 탐색 어서션이다. 이 패턴은 문자열의 모든 위치에서 두 개의 @ 문자가 뒤따르지 않는 단일 @ 문자에 매치한다.)

- @{3,}(?!.@.@) matches three or more @ characters only if they are not followed by two @ characters anywhere in the string.

  (@{3,}(?!.@.@)은 문자열의 모든 위치에서 두 개의 @ 문자가 뒤따르지 않는 세 개 이상의 @ 문자열에 매치한다.)

- * after the non-capturing group indicates that the preceding pattern (in this case, @(?!.*@.*@)|@{3,}(?!.*@.*@)) can be matched zero or more times.

  (비캡처링 그룹 다음의 *는 이전에 나온 패턴(여기에서는 @(?!.*@.*@)|@{3,}(?!.*@.*@))이 0번 이상 반복될 수 있다는 것을 나타낸다.)

This regular expression will match a string that starts with an @ character, followed by zero or more occurrences of either a single @ character that is not followed by two @ characters anywhere in the string, or three or more @ characters that are not followed by two @ characters anywhere in the string. This will match strings that represent the start of the Fibonacci sequence.

(이 정규표현식은 다음 문자열을 매치한다. 문자열은 @ 문자로 시작하고, 문자열 전체에서 두 개의 @ 문자가 따라오지 않는 한 개의 @ 문자가 0번 이상 반복되거나 문자열 전체에서 세 개의 @ 문자가 따라오지 않는 두 개의 @ 문자가 이어진다. 매치된 문자열은 피보나치 수의 시작을 알리는 문자열을 나타낸다.)

부분적으로는 맞는 설명들이다. 예를 들어 @(?!.@.@)을 **긍정적 전방 탐색 어서션**positive lookahead assertion으로 기술한 부분은 전혀 맞지 않으며, 이 패턴은 부정적 전방 탐색 어서션이 이어지는 단순한 문자 매치다. 하지만 대부분 부분적인 설명은 괜찮다.

전체 내용을 보자. 전체 정규표현식을 전혀 이해할 수 없다. 복잡한 정규표현식을 꽤 그럴 듯하게 보이도록 한 암호문처럼 보인다. 코드 작성자(즉 AI 코딩 어시스턴트)가 정신적으로 과부하에 이른 것처럼 느껴지기까지 한다. ChatGPT가 제안한 정규표현식은 단지 @ @ @(또는 공백 뒤의 추가적인 단일 @ 문자)에만 매치할 것이다.

'말이 되지 않는 내용이라도 어떤 답변이든 한다'는 AI 노력은 앞서 언급한 그럴 듯하게 작성한 이력서와 매우 유사한 상황이다. 만약 필자가 놓친 ChatGPT의 정규표현식이 매치할 수 있는 다른 패턴이 있다면 알려주기 바란다. 어쨌든 이번 ChatGPT 패턴은 피보나치 수와 유사한 것은 절대 포함하지 않을 것이다.

23 소수 매치하기

소수 시퀀스의 초기 유한 접두사를 나타내는 문자열을 매치하라

이전 퍼즐에서 정규표현식을 사용해 피보나치 수와 유사한 시퀀스를 매치한 것에 놀랐을 것이다. 이번에는 **소수**prime number에 대해서도 같은 작업을 수행할 수 있을지 알아보겠다. 가능하다면 정규표현식은 오름차순으로 증가하는 소수 시퀀스의 초기 일부분뿐만 아니라 모든 초기 시퀀스를 매치한다.

앞선 두 개의 퍼즐에서는 다음과 같이 숫자의 시퀀스를 연속된 @ 기호로 인코딩하고 각 숫자는 공백으로 구분했다.

```
primes4 = "@@ @@@ @@@@@ @@@@@@@ "                      ← 매치: 2 3 5 7
primes5 = "@@ @@@ @@@@@ @@@@@@@ @@@@@@@@@@@ "          ← 매치: 2 3 5 7 11
fail1 = "@@ @@@ @@@@@@@ @@@@@@@@@@@ "                   ← 실패: 2 3 7 11
fail2 = "@@ @@@ @@@@ @@@@@ @@@@@@@ "                     ← 실패: 2 3 4 5 7
```

에라토스테네스의 체sieve of Eratosthenes는 모든 소수를 찾는 사랑스러운 고전 알고리즘이다. 모든 자연수를 거치면서 소수의 배수를 모두 제외시켜 소수만 남긴다. 파이썬으로는 다음과 같이 간단하게 구현할 수 있다(더욱 효율적으로 구현할 수도 있지만 코드가 그만큼 길어진다).

```
def get_primes():
    # Simple lazy Sieve of Eratosthenes (간단하고 게으른 에라토스테네스의 체)
    candidate = 2
    found = []
    while True:
```

```
    if all(candidate % prime != 0 for prime in found):
        yield candidate
        found.append(candidate)
candidate += 1
```

체의 형태는 많은 퍼즐에서 사용된 전방 탐색 어서선을 연상시킨다. 정규표현식으로 이를 구현할 수 있는지 생각해보라(이번 퍼즐에서는 성능은 생각하지 말자). 해결책을 확인하기 전에 유효한 시퀀스를 매치하는 정규표현식을 찾거나 찾을 수 없다면 그 이유가 무엇인지 명확하게 정리해보자.

(저자 생각) 정수론의 기본 정리를 존중하라

이번 퍼즐은 정규표현식으로 풀 수 없는 또 하나의 예다. 얼핏 보기에는 부정적 전방 탐색 어서선을 사용해 정확히 에라토스테네스의 체나 그와 비슷한 것을 구현할 수 있을 것 같다. 예를 들어 (@@@) 또는 (@+) 같은 그룹이 일치한다면 해당 그룹의 반복에 대한 역참조를 할 수 있어야 한다.

가상 그룹이 7번이었다고 가정하자. 이전의 매치된 그룹의 배수가 되는 개수를 가진 연속된 @ 기호의 나열이 이후 문자열에서 발생하지 않는다는 것을 명시적으로 나타내는 (?! \7{2,}) 같은 부정적 전방 탐색 어서선으로 구현할 수 있다. 이는 에라토스테네스의 체가 하는 일과 매우 유사하다.

부정적 전방 탐색은 강력하고 유용한 기법이다. 실제로 후보 문자열에서 처음 N개인 소수의 모든 배수가 나타나지 않도록 부분적인 소수의 체를 구현할 수 있다. 문제는 정규표현식이 정의상 유한한 수의 매치 그룹만 가질 수 있다는 점이다. 다시 말해 정규표현식은 **유한 상태 기계** finite state machine를 표현하는 방법이다. 매치하는 그룹의 정확한 최대 수는 정규표현식 엔진에 따라 다를 수 있다. 파이썬 표준 라이브러리인 re 모듈에서는 100개, 서드파티third party인

regex 모듈에서는 500이며 다른 프로그래밍 언어나 라이브러리에서는 수가 다르다. 하지만 그 수는 항상 유한하다.

모든 초기 소수 수열을 매치하려면 계속해서 무한히 많은 소수를 지워야 한다. 모든 순차적 소수 탐색 알고리즘에서도 발생하는 문제. 확률적인 **밀러-라빈 소수판별법**Miller–Rabin primality test[18] 또는 결정적인 **AKS 소수판별법**Agrawal-Kayal-Saxena primality test과 같이 직접적으로 소수를 판별하는 방법도 있지만 정규표현식으로 불가능한 수학적 계산이 필요한 방식이다.

 AI 생각 ## 상식과 비상식

필자가 이번 퍼즐을 해결할 수 없다는 사실을 감안하면 AI 코딩 어시스턴트 또한 해결하지 못할 것이다. 하지만 AI 코딩 어시스턴트는 제안한 해결책에 자부심을 가진 것 같다. 다음은 ChatGPT에 요청한 프롬프트다.

> Using the same encoding of numbers in which N repeated @ symbols represent the number N, please write a regular expression that will detect whether a sequence contains all and only a list of initial primes. For example, 2 3 5 7 11 13 should match, but 2 3 13 15 should not.
>
> (N번 반복되는 @ 기호가 숫자 N을 나타내는 동일한 숫자 인코딩을 사용해 임의의 시퀀스가 초기 소수의 리스트만 포함하는 수열인지 아닌지 식별하는 정규표현식을 작성하라. 예를 들어 2 3 5 7 11 13은 매치해야 하고 2 3 13 15는 매치하지 않아야 한다.)

> Here is a regular expression that can detect whether a given string represents a list of initial prime numbers:
>
> (다음 정규표현식은 주어진 문자열이 초기 소수의 리스트를 나타내는지 아닌지 식별할 수 있다:)
>
> `^@(?: @(?!@)| @{3,})(?: @(?!@)| @{3,}))*$`

---

18 일반화된 리만 가설(Riemann hypothesis)이 성립한다면 밀러-라빈 소수판별법을 결정적으로 만들 수 있다.

Explanation:

(설명:)

- ^ and $ anchor the regular expression to the start and end of the string, respectively.

  (^와 $는 정규표현식을 각각 문자열의 시작과 끝에 고정한다.)

- @ matches the character @.

  (@은 @ 문자와 매치한다.)

- (?:...   ) is a non-capturing group, which means that it groups together a set of patterns but does not capture the matching text as a separate group.

  ((?:...)는 비캡처링 그룹이며, 패턴 집합을 그룹화하지만 일치하는 텍스트를 별도의 그룹으로 캡처 하지는 않는다.)

- @(?!@) is a positive lookahead assertion. It matches a single @ character only if it is not followed by another @ character.

  (@(?!@)는 긍정적 전방 탐색 어서션이다. 이 패턴은 다른 @ 문자가 뒤따르지 않는 단일 @ 문자에 매치 한다.)

- @{3,} matches three or more @ characters.

  (@{3,}은 세 개 이상의 @ 문자열에 매치한다.)

- (* ?: @(?!@| @{3,}))* is a non-capturing group that matches zero or more occurrences of a space followed by a single @ character that is not followed by another @ character or three or more @ characters.

  ((* ?: @(?!@| @{3,}))*는 비캡처링 그룹으로 0개 이상의 반복되는 공백 뒤에 단일 @ 문자가 오 고 그 뒤에 다른 @ 문자 또는 세 개 이상의 @ 문자가 오지 않는 것과 매치한다.)

This regular expression will match a string that starts with an @ character, followed by zero or more occurrences of a space followed by a single @ character that is not followed by another @ character or three or more @ characters. This will match strings that contain a list of initial prime numbers.

(이 정규표현식은 @ 문자로 시작하고 그 뒤 0개 이상의 공백이 오며 그 뒤에 단일 @ 문자(그 뒤에 또 다른 @ 문자 또는 세 개 이상의 @ 문자가 오지 않는)에 매치한다. 이것은 초기 소수 리스트를 포함한 문자열과 매 치한다.)

이전 예시처럼 ChatGPT가 헛소리 상태에 빠지면 '긍정적 전방 탐색'을 '부정적 전방 탐색'으로 혼동하는 등의 혼란을 초래한다. 각 설명이 대체로 옳은 이유는 정규표현식의 다양한 기본 요소에 대한 튜토리얼이나 설명이 훈련 데이터로 사용되었기 때문이다.

ChatGPT가 특정한 정규표현식을 트리거trigger한 것이 무엇인지 알기는 어렵다. 마찬가지로 이 정규표현식이 @ @ @(혹은 공백으로 구분된 더 많거나 더 적은 단일 @ 문자) 외의 것을 매치할 수 있는지 알기도 어렵다. AI 코딩 어시스턴트가 일부 질문에 대답하지 않도록 하는 필터를 원할 수도 있다. ChatGPT는 어떤 경우에는 'I'm sorry … I am a large language model …(미안하다 … 나는 대형 언어 모델이다 …)'라고 답하거나 합리적인 콘텐츠 필터가 있는 경우에는 'Such a story would be disturbing and inappropriate to create. Is there something else I can help you with?(그런 이야기는 방해가 되고 부적절하다. 도울 수 있는 다른 것이 있는가?)'라고 답한 후 처리한다.

AI 코딩 어시스턴트로 ChatGPT를 선택했을 때 헛소리 상태에 빠졌는지 식별하는 것은 어려울 수도 있지만, 엔지니어는 충분히 알아보고 설계할 수 있다. 해당 모델이 다음 단어(또는 적어도 합리적으로 긴 다음 단어 시퀀스)를 예측할 확신이 매우 낮다면 완전히 말이 되지 않는 무언가를 만들어내는 것보다 'I'm sorry(미안하다)' 같은 메시지를 표시하는 편이 더 낫다. 필자가 전용 아키텍처의 세부 정보는 자세히 모르지만, 소프트맥스 레이어softmax layer 전에 특정 종류의 임곗값 필터를 수행하는 작업은 트랜스포머 아키텍처transformer architecture 내에서 가능할 것이라고 생각한다.

퍼즐 24 상대 소수 매치하기

상대 소수(서로소)의 시퀀스를 나타내는 문자열을 매치하라

마지막 퍼즐이다. 이제 정규표현식으로 소수의 초기 시퀀스를 매치할 수 없는 미묘한 이유를 알 수 있을 것이다. 유한 상태 기계를 생각해보라(퍼즐 23). 만약 해당 퍼즐을 읽지 않았다면 적어도 에라토스테네스의 체는 이해하고 넘어가기를 바란다.

수학에는 **상대 소수**relative prime라는 개념이 있다. 소수보다 조금 더 약한 개념으로, 모든 소수는 상대 소수이며 **서로소**coprime라고 한다. 다른 두 수의 쌍도 상대 소수다. 서로소인 두 수의 공약수는 1뿐이고, 이는 소수에 대해서도 참이 성립한다. 예를 들어 자신과 1을 제외한 약수를 갖지 않기 때에 11과 53은 서로소다. 마찬가지로 10과 21도 서로소다. 10의 약수는 2와 5, 21의 약수는 3과 7이며 겹치지 않는다.

이번 퍼즐에서는 서로소인 자연수의 오름차순 수열을 모두 식별할 수 있는 정규표현식을 만들 수 있는지 알아본다. 오름차순인 모든 소수 수열은 여기에 해당하며 그 외의 수열도 존재한다.

이전 세 퍼즐과 마찬가지로 각 숫자를 공백으로 구분한 연속된 @ 기호의 수로 인코딩해 숫자 시퀀스를 나타낸다.

```
primes5   = "@@ @@@ @@@@@ @@@@@@@ @@@@@@@@@@@ "      ←  매치: 2 3 5 7 11
relprime1 = "@@ @@@@@ @@@@@@@ @@@@@@@@@ @@@@@@@@@@@ "  ←  매치: 2 5 7 9 11
relprime2 = "@@@ @@@@ @@@@@@@ @@@@@@@@@@@ "           ←  매치: 3 4 7 11
startbig  = "@@@@@@@@@ @@@@@@@@@@@@@@@@ "             ←  매치: 9 16
fail1     = "@@ @@@ @@@@ @@@@@ @@@@@@@ "              ←  실패: 2 3 4 5 7 (2, 4는 상대적인 합성수)
fail2     = "@@@@@ @@@@@@@ @@ @@@ @@@@@@@@@@@ "        ←  실패: 5 7 2 3 11 (모두 소수, 오름차순 아님)
```

상대 소수들도 소수의 운명을 그대로 따를까?

💬 저자 생각 **참과 거짓은 사람의 생각에 따라 결정된다**

이번 해결책에서 고려해야 할 몇 가지가 있다. 이런 해결책 자체는 에라토스테네스의 체와 같은(동일하지는 않은) 기법으로 가능하다. 즉 주어진 수의 미래 배수에 기초해 문자열을 거부할 수 있다.

모든 초기 소수가 문자열에 포함되어야 한다고 가정하지 않으면 무한히 많은 숫자를 거부할 필요는 없다. 대신 한 번에 하나의 숫자에 집중하고 해당 숫자의 배수를 거부할 수 있다. 일부 소수가 누락되거나 상대적인 합성수가 있을 수 있지만 말이다. 어쨌든 이번 퍼즐은 이 정도로 만족한다.

하지만 '거부'가 작동하려면 시퀀스는 반드시 오름차순이어야 한다. 그렇지 않으면 @@@@@@@@ @@@@ @@, 즉 8 4 2와 같은 것을 만날 수 있다. 이들은 서로소가 아니다. 하지만 8의 배수를 거부하더라도 이후에 4를 거부할 때는 아무런 도움이 되지 않는다. 파이썬은 고정된 수의 후방 탐색 어서션만 제공하지만, 다른 정규표현식 구현을 사용하면 오름차순 시퀀스의 제한을 기술적으로 완화할 수 있다. 다만 이런 라이브러리를 사용하면 이내 치명적인 **지수 복잡도**exponential complexity 문제를 맞닥뜨리게 된다.

```
^((@@+) (?=\2@)(?!.* \2{2,} ))+
```

여기에서는 먼저 두 개 이상의 @ 기호 그룹을 식별한다. 그다음 긍정적 전방 탐색을 수행해 @ 기호 그룹이 적어도 하나 더 존재하는 것을 확인한다.

진짜 핵심은 부정적 어서션이다. 부정적 어서션은 뒤에서 (공백으로 구분된) 두 개 이상의 사본 그룹 시퀀스가 나타나지 않다는 것을 의미한다. 이 패턴은 시퀀스의 마지막 숫자를 캡처하지 않는다. 단지 매치하는 시퀀스에 대한 참 또는 거짓이라는 답변을 제공할 때만 사용된다.

🤖 AI생각 아침 식사 전에 불가능한 여섯 가지 일들

이전 두 개의 퍼즐에서 AI가 영문을 알 수 없는 헛소리 상태로 빠지는 예를 봤으니 또 다른 예시를 살펴볼 필요는 없다. '헛소리 상태'의 ChatGPT가 유의미한 정규표현식을 만들어낼 수 없을 때를 필자는 '비캡처링 그룹과 부정적 전방 탐색에 대한 지나친 애정을 갖고 있다'고 표현한다.

ChatGPT가 도달한 잘못된 제안은 구체적으로 다음과 같다.

```
^(?:@(?!@)(?: @(?!@))*)*$
```

하지만 이 제안 방식에 큰 의미를 부여하는 것은 어려운 일이다. ChatGPT의 실패한 제안을 보면 AI 혁명의 대변자 중 한 명인 W. C. 필즈_{W. C. Fields}의 말이 떠오른다.

If you can't dazzle them with brilliance, baffle them with bullshit.

당신이 뛰어난 능력으로 사람들을 감탄시킬 수 없다면 헛소리로 당황하게 하라.

AI 코딩 어시스턴트의 매우 인간적인 응답과 완성도를 보면 컴퓨터 프로그램이나 정규표현식 (올바르든 그렇지 않든)에 대한 '멘털 모델mental model'이 있다고 인식하고 의인화하고 싶어진다.

이런 생각이 완전히 잘못된 것은 아니다. 대형 언어 모델LLM이 실리콘silicon과 선형대수학linear algebra에서 만들어졌으며, 신경절ganglia과 축약axons에서 만들어지지 않았다는 의미에서 그러하다. 오늘날 AI 코딩 어시스턴트들의 LLM은 **지식 엔진**knowledge engine(일부 콘텍스트에서는 **전문가 시스템**expert system이라 불린다)이 아니다. '문제에 관해 생각하는 것'과 더 밀접한 세부 요소인 분류 체계, 온톨로지ontology, 추론 규칙 등을 나타내고자 노력하는 다른 종류의 컴퓨터 시스템이 실제로 존재한다. 이런 모델들은 2020년대가 아니라 2000년대 산물이지만 그 중요성은 그대로 가져올 수 있다. AI 코딩 어시스턴트(2022년 후반 기준)도 다른 종류의 모델이 아니다.

LLM은 컴퓨터 프로그램을 알고리즘으로 이해하지 못한다. 단지 코드베이스의 대규모 말뭉치에는 특정한 단어와 기호가 다른 단어와 기호 근처에 있다는 것과 이런 구문 관계에서는 다른 조합이 덜 발생하는 경향이 있다는 것만 인식할 수 있다. 물론 화용론pragmatics, 의미론 semantics, 심지어 실제 구문에 관한 기저의 표현이 없음에도 인간이 작성한 구문을 모델링하는 것만으로 인간을 흉내내는 정도는 매우 놀랍고 충격적이다.

인간의 두뇌가 하는 일이 얼마나 얕은지 생각하며 두려움을 느낄 수도 있다. 하지만 동시에 이 책에서 소개한 예시들은 상당히 설득력 있게(어쩌면 증명하듯이) 때로는 인간이 전적으로 구조적이기보다는 개념적 추론을 한다는 점을 보여준다. 이 책에서 소개한 예시들이 여러분을 해방시킬지 아니면 구속시킬지는 알 수 없지만 적어도 2020년 초반의 LLM 현실은 보여주었을 것이라 믿는다.

물론 이 책은 특정 시점을 기준으로 작성했다. 현재의 AI 코딩 어시스턴트들은 그저 LLM일 뿐이다. 하지만 내년, 빠르면 다음 달에도 똑똑한 과학자와 개발자 들이 LLM을 실제 지식 모델과 융합하는 방법을 찾아낼 수도 있다. 미래 기술이 얼마나 더 높은 수준으로 발전할지 예측하기란 대단히 어렵다.

AI 코딩 어시스턴트의 응답이 나빴던 것은 코드를 얻고자 작성한 프롬프트 자체가 모호하기 때문이라는 점을 알아두자. 사람과 대화할 때는 많은 세부적인 정보가 명시적으로 언급되지 않고 암시되거나 생략된다. LLM도 이를 식별할 수는 있지만 능력은 제한적이다. 더 명확한 코드 문서를 작성하도록 인간 프로그래머가 AI 코딩 어시스턴트를 이끌어 더 나은 결과를 만들어내는 것은 나쁜 일이 아니다. 이렇게 얻은 좋은 결과물은 분명 이후에 인간에게 도움이 될 것이 틀림없다.

A

정규표현식
사용 방법

APPENDIX A

Learning to use regular expressions

정규표현식은 텍스트 안의 복잡한 문자열을 기술하는 간략한 방법이다. 정규표현식을 사용하면 패턴을 검색하고, 패턴이 검색되면 해당 패턴들을 다양한 방식으로 수정할 수 있다. 패턴에 따라 프로그램적 동작을 실행하도록 할 수도 있다.

정규표현식은 놀랍도록 강력하고 심오한 표현력을 갖는다. 그렇기 때문에 정규표현식을 작성하는 것은 다른 복잡한 프로그래밍 코드를 작성하는 것처럼 오류가 발생할 수 있다. 정말 간단한 문제라면 간단하게 푸는 것이 더 낫다. 간단하게 풀 수 없다면 정규표현식을 염두에 두자.

예시로 제시하는 정규표현식은 슬래시(/)로 감싸서 표현한다. 이런 정규표현식 구분 방식은 sed, AWK, 펄, 자바스크립트 및 다른 도구에서 사용된다. 예를 들어 다음과 같이 표시한다.

```
/[A-Z]+(abc|xyz)*/
```

슬래시 사이의 모든 것이 정규표현식이다. 예제에서는 정규표현식을 먼저 소개하고 해당 표현식에 일치하는 모든 문자열을 강조하는 그림을 함께 제시하겠다. 이러한 간결한 스타일은 파이썬 코드로 정규표현식을 감싸서 표현하는 것보다 더 정규표현식에 집중할 수 있도록 한다.

```
import re
pat = re.compile(r"[A-Z]+(abc_xyz)*")
results = re.match(pat, s)
```

01 정규표현식을 사용하는 도구는 무엇인가?

많은 도구들은 정규표현식을 기능의 일부로 채택한다. 유닉스 지향의 명령줄 도구들(grep, sed, AWK 등)은 대부분 정규표현식 처리를 위한 래퍼wrapper다. 여러 텍스트 에디터는 정규표현식을 기반으로 하는 검색과 치환을 제공한다. 많은 프로그램 언어, 특히 루비Ruby, 자바스크립트, 펄, 파이썬, TclTool Command Language과 같은 스크립팅 언어scripting language는 정규표현식을 언어의 중추로 구현한다. 심지어 대부분의 명령줄 셸(bash, zsh, 파워셸Powershell 등)도 제한된 정규표현식을 명령어 구문으로 허용한다.

정규표현식은 사용하는 도구에 따라 구문에 차이가 발생한다. 일부 도구는 다른 도구에서는 사용할 수 없는 확장 기능을 추가한다. 가장 단순한 경우 튜토리얼에서는 grep이나 sed를 기반으로 한 예제를 사용한다. 조금 더 기이한 기능을 가진 정규표현식은 펄이나 파이썬 예시를 사용한다. 대부분 예시는 제대로 동작하며, 자세한 구문 변형과 기능이 알고 싶다면 여러분이 사용한 도구의 문서를 확인해보기를 바란다.

초급: 텍스트의 패턴 매치하기

리터럴, 이스케이프, 특수문자, 와일드카드, 그룹화, 역참조, 문자 클래스, 여집합 연산자
complement operator, 대체 및 간단한 양화quantification에 대해 설명하겠다. 많은 것 같지만 기본만
알아도 상당히 강력한 작업을 수행할 수 있다.

리터럴 문자

`/a/`

> M**a**ry h**a**d **a** little l**a**mb.
> And everywhere th**a**t M**a**ry
> went, the l**a**mb w**a**s sure
> to go.

`/Mary/`

> **Mary** had a little lamb.
> And everywhere that **Mary**
> went, the lamb was sure
> to go.

정규표현식을 사용한 가장 간단한 패턴 매치는 리터럴 문자character literal 혹은 리터럴 문자 시
퀀스다. 대상 텍스트에서 정확한 순서로 구성된 해당 문자(들)의 모든 것을 매치한다. 소문자는
대문자와 동일하지 않으며 반대도 마찬가지다. 정규표현식의 공백은 대상의 리터럴 공백과 일
치한다(공백을 별도의 키워드로 사용하는 대부분 프로그래밍 언어 혹은 명령줄 도구와는 다르다).

이스케이프된 리터럴 문자

```
/.*/
```

Special characters like .* must be escaped.

```
/\.\*/
```

Special characters like **.*** must be escaped.

두 번째 예제에서는 .*만 볼드로 강조했다. 정규표현식에서는 특별한 의미를 갖는 다양한 문자가 있다. 특별한 의미를 갖는 문자들은 매치할 수 있지만, 그렇게 하려면 역참조(\) 문자를 사용해야 한다(역참조 자체도 포함한다. 대상에서 하나의 역참조를 매치하려면 해당 정규표현식에는 \\를 포함시켜야 한다).

위치 특수문자

```
/^Mary/
```

Mary had a little lamb.
And everywhere that Mary
went, the lamb was sure
to go.

```
/Mary$/
```

> Mary had a little lamb.
> And everywhere that **Mary**
> went, the lamb was sure
> to go.

캐럿(^)과 달러 기호($)는 대부분 정규표현식 도구에서 행의 시작과 끝을 표시할 때 사용한다. 캐럿이나 달러 기호를 리터럴 문자로 매치할 때는 이스케이프해야 한다. 즉 앞에 \를 붙인다.

캐럿과 달러 기호의 흥미로운 점은 길이가 0인 패턴과 매치한다는 점이다. 이는 캐럿이나 달러 기호 자체에 매치하는 문자열 길이가 0이라는 의미다(하지만 정규표현식의 나머지 부분은 여전히 길이가 0인 매치에 의존할 수 있다). 정규표현식의 많은 도구는 단어 경계를 위해 길이가 0인 다른 패턴을 제공한다(\b). 단어들은 공백, 탭, 줄 바꿈 혹은 널null 같은 다른 문자로 구분할 수 있다. 단어 경계 패턴은 단어의 실제 시작 또는 끝에 매치하며 특정한 공백 문자는 고려하지 않는다.

와일드카드 문자

```
/.a/
```

> **Ma**ry **ha**d a little **la**mb.
> And everywhere t**ha**t **Ma**ry
> went, the **la**mb **wa**s sure
> to go.

정규표현식에서 마침표(.)는 모든 문자를 나타낼 수 있다. 줄 바꿈 문자는 포함하지 않지만 대부분 도구에서는 줄 바꿈 문자까지 포함시키는 선택적인 스위치를 제공한다. 패턴에서 마침표를 사용하는 것은 무엇인지 결정할 필요 없이 여기에 '어떤 것'이 발생하도록 요구하는 방법이다.

명령줄의 glob 와일드카드에 익숙하다면 명령 마스크command mask에서 물음표(?) 기호가 어떤 문자의 역할을 한다는 사실을 알 것이다. 하지만 정규표현식에서 물음표 기호는 다른 의미를 가지며 마침표를 와일드카드로 사용한다.

정규표현식 그룹화하기

```
/(Mary)( )(had)/
```

Mary had a little lamb.
And everywhere that Mary
went, the lamb was sure
to go.

정규표현식에는 리터럴 문자와 길이가 0인 위치 패턴이 포함될 수 있다. 각 리터럴 문자나 위치 패턴은 정규표현식을 구성하는 **원자**atom다. 여러 원자를 그룹화해서 작은 정규표현식을 만들고 이를 더욱 큰 정규표현식으로 만들 수 있다. 이를 **분자**molecule라 부르기도 하지만 일반적으로는 원자라고 부른다.

오래된 유닉스 지향 도구들(grep 등)에서는 하위 표현식을 이스케이프된 괄호로 그룹화해야 한다(예: /\(Mary\)/). 펄, 파이썬, 루비, 자바스크립트, 줄리아, 러스트, Go 및 대부분 최신 도구(egrep 포함)에서는 괄호만 사용해 그룹화할 수 있다. 하지만 리터럴 괄호를 매치하려면 패턴에서 해당 문자를 이스케이프해야 한다(본 예시는 펄을 따른다).

그룹을 사용해 역참조하기

앞선 예시에서는 일치하는 그룹을 나타냈지만 이 그룹만으로는 매치하는 텍스트에 영향을 미치지 않는다. 그룹은 치환을 위한 역참조를 할 때 중요하다.

```
s/(Mary)( )(had)/\1\2ate/
```

Mary **ate** a little lamb.
And everywhere that Mary
went, the lamb was sure
to go.

그룹 1과 2(Mary와 공백)는 치환할 때 참조되지만 그룹 3은 참조되지 않는다. 대신 문자열 ate를 추가한다.

문자 클래스

```
/[a-z]a/
```

Mary **ha**d a little **la**mb.
And everywhere t**ha**t Mary
went, the **la**mb **wa**s sure
to go.

한 개의 문자만 지정하는 대신 문자 집합 중 하나에 매치하는 패턴을 정규표현식에 포함시킬 수 있다.

문자 집합은 대괄호([])내 간단한 리스트로 제공할 수 있다. 예를 들어 /[aeiou]/는 소문자 모음 문자 중 하나에 매치한다. 문자나 숫자 범위를 나타낼 때는 해당 범위의 첫 문자와 마지막 문자를 대시(-)로 연결해서 사용할 수 있다. /[A-Ma-m]/는 알파벳 전반부의 대문자 및 소문자 모두와 매치한다.

많은 정규표현식 도구들은 가장 일반적으로 사용되는 문자 클래스에 대한 이스케이프 형식의 단축키를 제공한다. 예를 들어 \s는 공백 문자, \d는 숫자를 나타낸다. 대괄호로 문자 클래스를 정의할 수도 있지만 단축키를 사용하면 정규표현식을 더욱 간결하고 읽기 쉽게 만들 수 있다.

여집합 연산자

```
/[^a-z]a/
```

> **Ma**ry had **a** little lamb.
> And everywhere that **Ma**ry
> went, the lamb was sure
> to go.

캐럿 기호는 정규표현식에서 두 가지 의미를 갖는다. 대부분 캐럿 기호는 행 시작을 나타내는 길이 0인 패턴에 매치한다. 하지만 문자 클래스의 시작에 사용되지 않으면 해당 문자 클래스의 의미를 뒤집고, 열거된 문자 집합에 포함되지 않는 모든 것이 매치된다.

비교를 위해 행 시작을 나타내는 의미와 여집합을 나타내는 의미의 기호를 함께 사용했다.

```
/^[^a-z][a-z]/
```

> **Ma**ry had a little lamb.
> **An**d everywhere that Mary
> went, the lamb was sure
> to go.

여기에서는 ASCII 소문자가 아닌 것으로 시작하는 행들(여기에서는 대문자)과 그다음에 오는 소문자가 매치한다.

패턴 대체

```
/cat|dog|bird/
```

> The pet store sold **cat**s, **dog**s, and **bird**s.

이어지는 몇 개의 예시에서 문자 #는 정규표현식에서는 특별한 의미를 갖지 않는 일반 문자다. 다른 구두점 또는 문자를 대신 사용해 동일한 개념을 나타낼 수 있다.

```
/=first second=/
```

=**first** first= # =second **second**= # =**first**= # =**second**=

```
/(=)(first)|(second)(=)/
```

=**first** first= # =second **second**= # =**first**= # =**second**=

```
/=(first|second)=/
```

=first first= # =second second= # =**first**= # =**second**=

문자 클래스를 사용하면 특정한 위치에서 둘 중 하나가 발생할 수 있다는 것을 나타낼 수 있다. 하지만 정규표현식의 특정 위치에서 두 개의 전체 하위 표현식 중 하나가 발생하는 것을 지정하고 싶다면 어떻게 해야 할까? 이 경우에는 **대체 연산자**alternation operator인 바(|)를 사용하면 된다. 이 기호는 대부분 명령줄 셸에서 파이프를 나타낼 때 사용하기 때문에 **파이프**pipe **문자**라고도 부른다.

파이프 문자는 정규표현식에서 해당 문자를 둘러싼 모든 것의 대체를 나타낸다. 즉 파이프 문자의 왼쪽과 오른쪽에 여러 그룹이 있어도 양쪽 모두에 걸쳐 모든 것을 탐욕스럽게 찾는다. 대체 범위를 선택하려면 일치하는 패턴을 포함하는 그룹을 정의해야 하며, 예시들이 그 개념을 보여준다.

기본적인 추상 수량자

```
/X(a#a)*X/
```

Match with zero in the middle: **XX** Subexpresion occurs, but : Xa#aABCX Lots of occurrences: **Xa#aa#aa#aa#aa#aX** Must repeat entire pattern: Xa#aa#a#aa#aX

정규표현식의 가장 강력한 점 중 하나는 복잡한 정규표현식에서 원자가 몇 번 나타나는지 지정하는 것이다. 단일 문자의 출현이 궁금할 수도 있겠지만 그보다는 문자 클래스나 그룹화된 하위 표현식의 출현을 지정하는 것이 더 흥미로울 것이다.

기본 정규표현식 구문에 포함된 수량자는 * 하나뿐이다. *는 '몇 개 혹은 없음'이나 '0개 이상'을 나타낸다. 패턴 안에서 나타내는 원자의 모든 수를 지정할 때는 원자 뒤에 별표를 붙이면 된다.

그룹화한 표현식은 수량자를 사용하지 않으면 목적을 달성하지 못한다. 그러나 하나의 하위 표현식에 수량자를 사용하면 해당 하위 표현식 전체의 출현을 이야기할 수 있게 된다.

중급: 텍스트의 패턴 매치하기

이번에는 추가 수량자(숫자 수량자, 역참조)와 함께 정규표현식을 정확하게 다듬는 좋은 방법과 특별한 트릭을 살펴본다.

한층 더 추상적인 수량자

```
/A+B*C?D/
```

AAAD
ABBBBCD
BBBCD
ABCCD
AAABBBC

원자 뒤에 수량자가 붙지 않으면 해당 원자가 정확하게 한 번만 출현한다는 것을 의미한다. 확장된 정규표현식(대부분 도구가 지원하는)은 '한 번만'과 '0번 이상'을 나태는 유용한 숫자를 추가한다. 더하기 기호(+)는 '한 번 이상', 물음표 기호(?)는 '0번 이상'을 의미한다.[1] 여러분이 가장 많이 사용하게 될 수량자다.

확장 정규표현식은 기본 정규표현식으로 할 수 없는 것을 하는 것이 아니다. 그저 더 짧고 가독성이 높은 방법으로 표현할 수 있도록 해주는 것뿐이다. 예를 들어 (ABC)+는 (ABC)(ABC)* 와 동일하며, X(ABC)?Y는 XABCY|XY와 동일하다. 정량화된 원자가 복잡하게 그룹화된 하위 표현식인 경우 물음표 기호와 더하기 기호를 사용하면 표현식을 훨씬 더 간단하게 만들 수 있다.

---

1 옮긴이 일반적으로 '0번 이상'을 나타낼 때는 *를 사용한다. 여기에서는 +의 '한 번 이상'과 대비시키기 위해 '0번 이상'이라고 표현한 것으로 보인다.

숫자 수량자

```
/a{5} b{,6} c{4,8}/
```

aaaaa bbbbb ccccc
aaa bbb ccc
aaaaa bbbbbbbbbbbbbb ccccc

```
/a+ b{3,} c?/
```

aaaaa bbbbb ccccc
aaa bbb ccc
aaaaa bbbbbbbbbbbbbb ccccc

```
/a{5} b{6,} c{4,8}/
```

aaaaa bbbbb ccccc
aaa bbb ccc
aaaaa bbbbbbbbbbbbbb ccccc

확장된 정규표현식을 사용하면 물음표 기호, 더하기 기호, 별표 수량자보다 더 자세한 구문으로 임의의 패턴 발생 횟수를 지정할 수 있다. 또한, 중괄호({})를 사용하면 원하는 발생 횟수를 정확하게 지정할 수 있다.

가장 일반적인 중괄호 수량자의 형태에서는 두 개의 범위 인자를 사용한다(첫 번째 인자는 두 번째 인자보다 작아야 하며, 두 인자 모두 음이 아닌 정수여야 한다). 이런 방식으로 지정된 횟수는 최솟값과 최댓값(각 값은 포함된다) 사이에 놓인다. 두 인수 중 하나를 비워둘 수도 있는데, 이 경우 최솟값/최댓값은 각각 0/무한대로 지정된다. 쉼표 없이 하나의 인수만 사용하면 정확하게 해당 횟수만큼 매치한다.

역참조

```
/(abc|xyz) \1/
```

jkl abc xyz
jkl xyz abc
jkl **abc abc**
jkl **xyz xyz**

```
/(abc|xyz) (abc|xyz)/
```

jkl **abc xyz**
jkl **xyz abc**
jkl **abc abc**
jkl **xyz xyz**

검색 패턴을 만드는 강력한 옵션 중 하나는 이전에 매치된 하위 표현식을 정규표현식에서 나중에 다시 매치하는 것이다. 이는 역참조로 수행하며, 역슬래시(이스케이프 문자)를 붙인 숫자 1에서 9 사이의 숫자로 이름을 붙인다. 역참조들은 매치 패턴에서 /(one)(two)(three)/\1\2\3/과 같이 각각의 연속적인 그룹을 참조한다. 이 예시에서 숫자로 지정된 역참조는 해당 숫자를 나타내는 각 단어를 가리킨다.

예시에서 중요한 점은 해당 문자열에 매치된 패턴이 다른 문자열과 매치되더라도 역참조로 매치되는 것은 첫 번째로 매치된 리터럴 문자열이라는 점이다. 그룹화된 동일한 하위 표현식을 정규표현식의 뒷부분에서 반복하는 것은 역참조를 사용한 동일한 대상에 매치하지 않는다.

역참조는 이전의 그룹화된 표현식에 나타난 모든 것을 그룹화된 표현식이 나타난 순서대로 참조한다. (\1-\9)라는 명명 규칙 때문에 역참조는 최대 아홉 개까지만 사용할 수 있다. 일부 도구들은 역참조에 실제 이름을 지정하고 프로그램 변수로 지정할 수 있도록 지원하기도 한다. 이는 이후 고급 부분에서 자세히 다루겠다.

원하는 만큼만 매치하기

```
/th.*s/
```

> I want to match **the words that s**tart
> w**ith 'th' and end with 's'**.
> **this**
> **thus**
> **this**tle
> **this line matches** too much

정규표현식의 수량자들은 탐욕적이다. 가능한 많이 매치시킨다.

정규표현식을 작성하는 과정에서 가장 쉽게 저지르는 실수는 너무 많은 것을 매치시킨다는 점이다. 수량자를 사용할 때 매치를 마치는 지점까지 모든 것(올바른 종류의 것)을 매치시키고 싶겠지만, *, + 또는 숫자 수량자를 사용할 때는 찾고자 하는 마지막 부분이 관심을 가진 행보다 나중에 발생할 수도 있다는 점을 잊어서는 안 된다.

매치를 제한하는 트릭

```
/th[^s]*./
```

> I want to match **the words that s**tart
> w**ith 'th' and end with 's'**.
> **this**
> **thus**
> **this**tle
> **this line matches** too much

정규표현식이 너무 많은 것을 매치한다면 문제를 다시 정리해봐야 한다. '나중에 표현식에서 매치하려는 것이 무엇인가?' 대신 '다음 부분에서 매치하지 않아야 하는 것은 무엇인가?'라고 질문을 바꿔보자. 더 간단한 패턴 매치를 할 수 있게 된다. 복잡한 패턴을 피하는 방법 중 하나는 여집합 연산자와 문자 클래스를 사용하는 것이다. 예시를 보고 그 작동 방법을 생각해보기를 바란다.

이때 트릭은 두 가지 방법으로 거의 동일한 시퀀스를 구성할 수 있다. XYZ에 도달할 때까지 계속 매치하려고 할 수도 있고, XYZ에 도달하지 않는 한 계속 매치하려고 할 수도 있다. 두 가지 방법은 미묘하게 다르다.

기본 확률에서도 동일한 패턴이 나타난다. 1부터 6까지 있는 주사위를 한 번 던졌을 때 6이 나올 확률은 1/6이다. 주사위를 여섯 번 던졌을 때 6이 한 번 나올 확률은 얼마일까? 단순하게 계산하면 1/6+1/6+1/6+1/6+1/6+1/6=100%가 될 것이다. 너무나 당연하지만 이 계산은 틀렸다(열두 번 던졌을 때 6이 한 번 나올 확률은 200%가 아니다). 올바른 계산은 '주사위를 여섯 번 던졌을 때 6을 피하는 방법은 무엇인가?', 즉 5/6×5/6×5/6×5/6×5/6×5/6=33%이다. 6이 한 번 나올 확률은 6을 피하지 않을 확률과 동일하다(약 66%). 주사위를 던진 기록을 모두 기록할 경우, 정규표현식으로 기록된 레코드에 적용한 후 같은 사고방식을 활용할 수 있다.

매치를 더 잘 제한하는 트릭

```
/\bth[a-z]*s\b/
```

I want to match the words that start
with 'th' and end with 's'.
this
thus
thistle
this line matches too much

이전에는 부정 문자 클래스를 사용할 것을 제안했는데 아직도 th로 시작하고 s고 끝나는 단어들을 매치하는 목표를 달성하지 못했다. 완전히 순진한 접근보다 조금 나아졌을 뿐이다. 길이가 0인 단어 경계 매치를 사용하면 이를 잘 달성할 수 있다.

수정 도구에 대한 코멘트

정규표현식을 사용하는 모든 도구가 대상 문자열을 수정할 수 있는 것은 아니다. 일부 도구는 매치된 패턴을 찾기만 한다. 가장 널리 사용되는 정규표현식 도구인 grep은 검색만 지원한다. 예를 들어 텍스트 에디터들은 정규표현식 검색 기능에 치환을 지원할 수도 있다. 자세한 내용은 여러분이 사용하는 도구의 공식 문서를 참조하기를 바란다.

대상 텍스트를 수정하는 기능을 제공하는 도구 간에도 차이가 있다. 도구마다 치환을 지정하는 방법이 다르다. 텍스트 에디터는 대화 상자를 제공하고, 명령줄 도구는 구분 기호를 사용해 매치 문자열과 치환 문자열을 나누며 프로그래밍 언어는 함수를 호출하고 해당 함수에 매치와 치환 패턴을 인수로 전달한다.

수정 대상에 대해서도 유념해야 할 것이 있다. 유닉스 지향적인 명령줄 도구는 파일을 직접 수정하는 대신 파이프와 표준 출력을 사용해 버퍼를 변경한다. 예를 들어 sed 명령어를 사용하면 원본 대상 파일을 변경하는 것이 아니라 콘솔에 수정된 내용만 기록한다(GNU sed의 경우 --in-place 스위치가 추가된다). 텍스트 에디터나 프로그래밍 언어는 파일을 직접 수정하는 경우가 더 많다.

수정 예시에 대한 노트

이번 예시에서는 sed 스타일의 슬래시 구분자를 계속 사용한다. 구체적으로 대체 명령어와 **전역 수정자**global modifier를 사용해 s/this/that/g와 같이 표현한다. 이는 대상 텍스트의 모든 this 문자열을 that 문자열로 치환하라는 의미다.

예시는 수정 명령어, 입력 행 및 출력 행으로 구성된다. 출력 행에서는 변경 내용이 강조되었다. 입력/출력 행은 각각 < 기호와 >로 구분한다(순서도 기술된다). 유닉스 셸의 리다이렉션 기호 및 일부 diff 출력 스타일이 연상되는 기호들이다.

리터럴 문자 수정 예시

`s/cat/dog/g`

> < The zoo had wild dogs, bobcats, lions, and other wild cats.
> > The zoo had wild dogs, bob**dog**s, lions, and other wild **dog**s.

앞서 다룬 내용들을 기반으로 수정 예시를 살펴보겠다. 이 예시는 단순히 특정한 리터럴 문자를 다른 리터럴 문자로 치환한다. 굳이 정규표현식을 사용하지 않아도 여러 도구들은 검색/치환 기능으로 치환한다.

패턴 매치 수정 예시

`s/cat|dog/snake/g`

> < The zoo had wild dogs, bobcats, lions, and other wild cats.
> > The zoo had wild **snake**s, bob**snake**s, lions, and other wild **snake**s.

`s/[a-z]+i[a-z]*/nice/g`

> < The zoo had wild dogs, bobcats, lions, and other wild cats.
> > The zoo had **nice** dogs, bobcats, **nice**, and other **nice** cats.

정규표현식으로 대상 텍스트를 변경하는 대부분 경우에 리터럴 문자열보다는 일반적인 패턴을 매치하고자 할 것이다. 매치된 것은 모두 치환된다. 심지어 매치된 것이 대상에서 다른 문자열이지만 말이다.

역참조를 사용한 수정

```
s/([A-Z])([0-9]{2,4}) /\2:\1 /g
```

```
< A37 B4 C107 D54112 E1103 XXX
> 37:A B4 107:C D54112 1103:E XXX
```

대상 텍스트 안에서 패턴이 나타나는 모든 곳에 정해진 고정된 문자열을 삽입할 수 있는 점은
좋다. 그러나 맥락적으로 볼 때 매우 제한적이다. 대부분 고정된 문자열을 삽입하는 것이 아니
라 매칭된 패턴과 관련 있는 무언가를 삽입하고 싶어 한다. 다행히도 역참조의 도움을 받을 수
있다. 패턴 매치 자체에서 역참조를 사용할 수 있지만 치환 패턴에서 사용하는 것이 훨씬 더
유용하다. 또는 치환 역참조로 매치된 패턴에서 관심 있는 부분만 선택해 사용할 수도 있다.

예시에서는 가독성을 높이고자 하위 표현식을 (sed와 같은) 이스케이프 처리된 괄호가 아니라
(펄과 같은) 순수한 괄호로 그룹화했다.

잘못된 매치에 대한 다른 경고

이번 튜토리얼에서는 정규표현식 패턴으로 너무 많은 것을 매치하는 것이 왜 위험한지 경고했
다. 그러나 수정할 때 그 위험이 훨씬 더 크기 때문에 반복해서 강조해야 한다. 패턴을 구성할
때 생각했던 것보다 큰 문자열과 매치하는 패턴을 치환하면 대상에서 중요한 데이터가 삭제될
수도 있다.

정규표현식을 사용할 때는 항상 프로덕션 환경을 대표하는 다양한 대상 데이터로 테스트해보
는 것이 좋다. 여러분이 예상한 대로 매치하는지 확인하자. 잘못된 수량자나 와일드카드의 사
용으로 특정한 패턴이라고 생각한 것과는 다른 다양한 텍스트와 매치될 수도 있다. 때로는 매
치하는 패턴을 찾은 후에도 그 패턴을 다시 살펴보거나 다른 사람의 도움을 받아 검토해야 할
수도 있다. 너무 많이 매치하면 잘못된 결과를 불러오기도 하지만 검토하면서 능력을 기르게
되기도 한다.

고급: 정규표현식 확장

정규표현식의 밀집된 언어에는 매치하고자 하는 대상을 표현하는 다양하고 정교한 방법이 포함되어 있다. 여기에는 비탐욕적 수량자, 원자 그룹, 소유 수량자, 전방 탐색/후방 탐색 어서션, 역참조라 불리는 많은 표현 형식과 정규표현식을 위한 상세한(더욱 가독성이 높은) 형식이 포함된다.

고급 기능들

일부 정규표현식 도구에는 매우 유용한 향상된 기능이 포함되어 있다. 이 기능을 활용하면 정규표현식 작성 및 유지 관리가 쉽다. 여러분이 사용하는 도구에 향상된 기능이 있는지 확인하자.

정규표현식 처리에 가장 뛰어난 도구는 프로그래밍 언어인 펄이다. 펄이 과거에 인기를 유지했던 큰 이유이기도 하다. 예시에서는 개념을 설명하고자 펄 스타일의 코드를 사용한다. 다른 프로그래밍 언어, 특히 파이썬과 같은 다른 스크립팅 언어도 개선 사항이 비슷하다. 다만 펄의 구문은 기반이 되는 ed, ex, grep, sed, 및 AWK 등의 정규표현식 구문에 가장 가깝다.

비탐욕적 수량자

```
/th.*s/
```

I want to match **the words that s**tart
wi**th 'th' and end with 's'**.
this
thus
thistle
this line matches too much

비탐욕적 방식은 다음과 같다.

```
/th.*?s/
```

I want to match **the words that s**tart

wi**th 'th' and end with 's'**.

this

thus

thistle

this line matches too much

튜토리얼의 앞부분에서는 너무 많은 매치의 문제점을 이야기하면서 몇 가지 해결책을 제안했다. 일부 정규표현식 도구가 제공하는 선택적인 비탐욕적 수량자를 활용하면 이를 쉽게 해결할 수 있다. 선택적인 비탐욕적 수량자는 가능한 적게 매치하면서도(가장 많이 매치하는 대신) 패턴에서 다음에 나오는 것을 매치한다.

비탐욕적 수량자는 일반적인 탐욕적 수량자와 동일한 구문을 갖지만, /A[A-Z]*?B/와 같이 수량자 기호 뒤에 물음표가 붙는다. 이는 '대문자 A 다음에 대문자 B를 찾을 때까지 대문자만 존재하는 것과 매치된다'는 의미다.

한 가지 주의 깊게 살펴봐야 할 것은 패턴 /[A-Z]*?./은 항상 대문자를 0개 매치한다는 점이다. 비탐욕적 수량자를 사용하면 너무 적게 매치되는 것에 주의해야 한다. 탐욕적 수량자와 대칭되는 위험 요소다.

원자 그룹화와 소유 수량자

파이썬 3.11부터 표준 라이브러리인 re 모듈에서는 **원자 그룹화**atomic grouping와 소유 수량자를 지원한다. 이전에는 서드파티 모듈인 regex를 통해 이 기능을 지원했다. 파이썬 지원은 자바, 펄 호환 정규표현식PCRE, 닷넷, 펄, Boost, 루비보다 늦은 감이 있다. 원자 그룹화와 소유 수량자 기능은 부분적인 매치가 성립되면 백트래킹을 피하는 목적을 갖고 있다(몇몇 경우에 속도가 더욱 빠르고 의도를 잘 전달할 수 있다).

```
/0*\d{3,}/
```

Integers greater than **100** (leading zeros permitted)
55 **00123 1234 0001 099 200**

```
/0*+\d{3,}/
```

Integers greater than **100** (leading zeros permitted)
55 **00123 1234** 0001 099 **200**

0과 \d는 같은 문자를 매치하기 때문에 두 정량화된 패턴은 백트래킹을 사용해 가장 긴 하위 문자열을 차지하고자 경쟁한다. 소유 수량자 *+가 없으면 잘못된 결과를 초래한다. 수량자 '++', ?+, {n,m}+는 기본 수량자에서 유래되어 비슷한 의미를 갖는다.

```
(?>0*)\d{3,}
```

Integers greater than **100** (leading zeros permitted)
55 **00123 1234** 0001 099 **200**

원자 그룹화는 소유 수량자의 일반 버전이다. 한 번만 매치하고 정지해 백트래킹을 피한다. 그러나 원자 그룹(일반적인 그룹, 전방 탐색 어서션 혹은 비역참조 그룹) 내 패턴은 단일 수량자로 조정되는 것보다 복잡할 수 있다.

패턴 매치 수정자

```
/M.*[ise]\b/
```

> **MAINE # Massachusetts** # Colorado #
> mississippi # **Missouri** # Minnesota #

```
/M.*[ise] /i
```

> **MAINE # Massachusetts** # Colorado #
> **mississippi # Missouri** # Minnesota #

이전 수정 예시에서 패턴 매치 수정자 중 하나인 전역 수정자를 살펴봤다. 많은 정규표현식 도구에서 대상의 모든 패턴 일치에는 g 수정자를 사용해야 한다. g가 없다면 대상 행에서 패턴의 첫 번째 발생에서만 매치된다. 매우 유용한 수정자다(하지만 항상 사용해야 하는 것은 아니다). 다른 몇 가지 수정자를 살펴보자.

'gismo'라고 기억하면 쉽게 기억할 수 있을 것이다. 가장 자주 사용되는 수정자는 다음과 같다.

- g: 전역으로 매치한다.
- i: 대소문자 구분 없이 매치한다.
- s: 문자열을 단일 행으로 다룬다.
- m: 문자열을 여러 행으로 다룬다.
- o: 패턴을 한 번만 컴파일한다.

o 옵션은 구현 최적화이며 정규표현식은 아니다. s 옵션은 와일드카드를 사용해 줄 바꿈 문자를 매치할 수 있다(그렇지 않으면 매치하지 않는다). m 옵션은 ^와 $를 사용해 대상의 전체 시작과 끝뿐만 아니라 각 행의 시작과 끝에 일치하도록 한다(sed와 grep에서는 기본값이다). i 옵션은 대소문자를 무시한다.

역참조 동작 변경하기

```
s/([A-Z])(?:-[a-z]{3}-)([0-9]*)/\1\2/g
```

```
< A-xyz-37 # B:abcd:142 # C-wxy-66 # D-qrs-93
> A37 # B:abcd:142 # C66 # D93
```

치환 패턴에서의 역참조는 매우 강력하다. 하지만 아홉 개 이상의 그룹이 필요한 복잡한 정규표현식에서는 어떻게 해야 할까? 사용할 수 있는 역참조 이름을 모두 쓰는 것보다 치환 패턴의 부분을 순차적으로 참조하는 것이 가독성 면에서 더 좋은 경우가 많다. 해당 이슈를 처리하고자 일부 정규표현식 도구는 **역참조가 없는 그룹화**를 허용하기도 한다.

역참조로 처리되지 않아야 하는 그룹은 해당 그룹 앞에 (?:pattern)과 같이 물음표와 콜론을 붙인다. 검색 패턴 자체에 역참조가 있는 경우에도 사용할 수 있는 구문이다.

역참조 이름 짓기

```python
import re
txt = "A-xyz-37 # B:abcd:142 # C-wxy-66 # D-qrs-93"
print(
    re.sub("(?P<prefix>[A-Z])(-[a-z]{3}-)(?P<id>[0-9]*)",
        "\g<prefix>\g<id>", txt)
)
```

```
A37 # B:abcd:42 # C66 # D93
```

파이썬 언어(그리고 다른 언어들)는 매우 복잡한 패턴 역참조에 편리한 구문을 제공한다. 매치된 그룹의 번호를 조정하는 대신 이름을 부여할 수 있다. 파이썬에서 정규표현식 사용 구문은 펄이나 sed 스타일의 슬래시 구분자가 아닌 표준 프로그래밍 언어의 함수/메서드 스타일을 따른다. 여러분이 사용하는 도구가 이 기능을 지원하는지 확인하자.

전방 탐색 어서션

```
s/([A-Z]-)(?=[a-z]{3})([a-z0-9]* )/\2\1/g
```

< A-xyz37 # B-ab6142 # C-Wxy66 # D-qrs93   ←   이 행의 끝에는 책으로는 보이지 않는 공백이 있다.
> **xyz37A-** # B-ab6142 # C-Wxy66 # **qrs93D-**

```
s/([A-Z]-)(?![a-z]{3})([a-z0-9]* )/\2\1/g
```

< A-xyz37 # B-ab6142 # C-Wxy66 # D-qrs93
> A-xyz37 **# ab6142B-** # Wxy66C- # D-qrs93

고급 정규표현식의 또 다른 트릭은 전방 탐색 어서션이다. 전방 탐색 어서션은 그룹화된 하위 표현식과 비슷하지만 실제로 매치한 것을 가져오지는 않는다. 전방 탐색 어서션을 사용하면 두 가지 장점이 있다. 전방 탐색 어서션은 역참조로 계산되지 않는 그룹과 유사한 방식으로 작동할 수 있다. 하지만 더 중요한 것은 전방 탐색 어서션이 다음 패턴의 덩어리가 특정한 형식을 갖고 있지만, 다른 하위 표현식이 실제로 가져올 수 있도록 할 수 있다는 것이다(일반적으로 다른 하위 표현식을 역참조하는 것이 목적).

전방 탐색 어셔선에는 긍정적 전방 탐색 어서션과 부정적 전방 탐색 어서션이 있다. 이름에서 예상할 수 있듯이 긍정적 전방 탐색은 뒤에 무언가 나오는 것을 지정하고, 부정적 전방 탐색은 뒤에 무언가 나오지 않는 것을 지정한다. 전방 탐색 어서션의 구문은 비역참조 그룹과 비슷하다. 긍정적 전방 탐색 어서션 구문은 (?=pattern), 부정적 전방 탐색 어서션 구문은 (?!pattern)이다.

후방 탐색 어서션

```
/(?<=[AC])-[A-Za-z]+\d+/
```

A-**xyz37** # B-ab6142 # C-**Wxy66** # D-qrs93

```
/(?<![AC])-[A-Za-z]+\d+/
```

A-xyz37 # B-**ab6142** # C-Wxy66 # D-**qrs93**

전방 탐색 어서션과 비슷하게 앞에 나온 패턴을 포함하지 않고 해당 패턴이 뒤따라와야 한다는 것을 나타낼 때 사용할 수 있다. 구현할 때 후방 탐색 어서션은 고정 너비의 패턴을 제한하는 경우가 많다.

후방 탐색 어서션도 **긍정적 후방 탐색 어서션**positive lookbehind assertion, **부정적 후방 탐색 어서션** negative lookbehind assertion이 있다. 따라서 부분 번호일 수 있는 문자열에서 먼저 A나 C로 시작하는 것만 강조한 후 A나 C로 시작하는 것을 제외하고자 한다. 주목해야 할 점은 문자열의 첫 글자가 B나 D인 경우에도 매치 대상에서 해당 문자가 제외된다는 점이다. 이번 예시에서는 그렇게 하지 않았지만 그룹과 역참조로 매치 대상에서 선행하는 하이픈을 제외할 수도 있다.

정규표현식의 가독성 높이기

```
/                    # 텍스트 파일 안의 URL을 식별한다.
    (?<!["="])       # 다음과 같은 IMG 태그 안의 URL은 매치하지 않는다:
                     # <img src="http://mysite.com/mypic.png">
(http|ftp|gopher)    # 리소스 타입을 찾았는지 확인한다.
        :\/\/        # … 뒤에 콜론-슬래시-슬래시가 온다.
     [^ \n\r]+       # 공백, 줄 바꿈, 탭은 오지 않는다.
    (?=[\s\.,])      # 그 뒤에 공백, 마침표, 쉼표가 온다.
/
```

The URL for my site is: **http://mysite.com/mydoc.html.** You might also enjoy **ftp://yoursite.com/index.html** for a good place to download files.

후반의 예시에서는 정규표현식이 얼마나 복잡해질 수 있는지 알아봤다. 예제가 전부는 아니다. 정규표현식을 통해 이해하기 어려운 일을 해결할 수 있다.

고급 정규표현식 도구 중 일부에서 사용하는 두 가지 기본 기능이 있다. 첫째, 정규표현식이 여러 행에 걸쳐 계속되도록 허용하는 것이다(행 끝 공백이나 새 행과 같은 공백 무시). 둘째, 정규표현식 내 주석을 허용하는 것이다. 일부 도구에서는 두 가지 기능 중 하나만 사용할 수 있으나 만약 복잡하다면 두 가지 기능 모두 사용하자.

예시는 펄의 확장된 수정자를 사용해 주석이 달린 여러 행의 정규표현식을 활성화하는 것을 보여준다. 자세한 내용은 여러분이 사용하는 도구의 문서를 참조하자.

B

엔딩 크레디트

Ending Credits

전체 《**The Puzzling Quirks of Regular Expressions**》

2021년 출간한 필자의 저서로, 이 책에서 소개한 퍼즐들의 이전 버전이 포함되어 있다. 그러나 AI 코딩 어시스턴트 관련 내용은 없으며, 이 책의 부록에 있는 튜토리얼은 제공하지 않았다.

CHAPTER 1 "**The map is not the territory(지도는 실제가 아니다).**"

1931년 과학자이자 철학자인 알프레드 코르지브스키(Alfred Korzybski)가 한 유명한 말이다. 1장의 제목인 '이 책이 다루는 범위(The map and the territory)'로 조금 수정했다.

〈터미네이터 3: 라이즈 오브 더 머신〉

2003년 개봉한 조너선 모스토(Jonathan Mostow)가 감독한 영화다. 영화의 제목을 '프로그래밍 기계의 등장(Rise of the programming machines)'으로 빌려왔다.

CHAPTER 2 〈**Are 'Friends' Electric?('친구들'은 전기로 움직이는가?)**〉

1979년에 발표한 개리 뉴먼(Gary Numan)의 노래다. 퍼즐 3의 '친구들은 전기로 움직이는가?'로 차용했다.

사이버다인(Cyberdyne)

영화 〈터미네이터〉 시리즈에 등장하는 가상 회사. 일본 로봇 제작 회사인 사이버다인은 이 가상 회사를 본떠서 이름 지었다. 퍼즐 4의 '사이버다인 볼트 노트(Notes from the Cyberdyne vault)' 제목으로 인용했다.

《안드로이드는 전기양의 꿈을 꾸는가?》(폴라북스, 2013년 9월)

1968년에 필립 K. 딕(Philip K. Dick)이 쓴 단편 소설이다. 퍼즐 5의 제목 '안드로이드는 전기양의 꿈을 꾸는가?'로 사용했다.

CHAPTER 3 "**The next war will be fought with sticks and stones(다음 전쟁은 막대기와 돌멩이를 가지고 싸우게 될 것이다).**"

핵전쟁이 어떤 영향을 미치는지 이야기할 때 인용되는 아인슈타인의 말이다. 실제로 이와 유사한 발언을 했으며, 동시대의 다른 사람들도 비슷한 말을 했을 것이다. 퍼즐 7의 '막대기와 돌멩이를 사용하는 전쟁(A war with sticks and stones)'이라는 제목이 여기에서 왔다.

"My mind is going. I can feel it(내 마음은 움직이고 있어. 나는 느낄 수 있어)."

1968년 스탠리 큐브릭(Stanley Kubrick)이 감독한 영화 〈2001: 스페이스 오디세이〉에서 로봇 HAL9000이 말한 대사다. 퍼즐 9의 '내 마음은 움직이고 있어. 나는 느낄 수 있어'라는 제목으로 그대로 사용했다.

## CHAPTER 4

〈**Extraordinary Machine(특별한 기계)**〉

2005년 피오나 애플(Fiona Apple)이 발표한 노래 및 음반이다. 퍼즐 10에서 노래명 그대로 '특별한 기계'라고 사용했다.

《**The HORARS of War(HORAR의 전쟁)**》

1970년 진 울프(Gene Wolfe)가 발표한 단편 소설이다. 퍼즐 11의 제목인 'HORAR의 전쟁'이 유래한 소설이며, 'HORAR'는 소설에서 인간과 대비되는 AI 휴머노이드를 지칭한다.

"컴퓨터 과학에는 두 가지 어려운 문제가 있다. 캐시 무효화(cache invalidation), 이름 짓기 (naming things), 그리고 오프바이원 오류(off-by-one error)다."

농담으로 많이 하는 이 말은 팀 브레이(Tim Bray)가 말한 것으로 추정되지만, 2014년 이후 많은 사람의 입을 통해 전해진 탓에 정확한 기원은 불분명하다. 퍼즐 12에서 팀 브레이의 말 일부를 제목과 본문에서 활용했다.

〈**Poker Face(포커페이스)**〉

2008년 레이디 가가(Lady Gaga)가 발표한 곡이다. 퍼즐 13에서 '그는 내 포커페이스를 읽을 수 없다'라는 제목으로 차용해봤다.

〈**우주가족 젯슨**〉

1962년 처음 방영된 미국 애니메이션 시리즈로, 윌리엄 한나(William Hanna)와 조셉 바버라 (Joseph Barbera)가 만들었다. 퍼즐 14의 '인간을 불공평한 일에서 보호하는 사회'에서 언급했다.

"Free Will is Not Free(자유 의지는 공짜가 아니다)."

2020년에 방영된 TV 시리즈 <웨스트월드>의 세 번째 시즌 홍보 슬로건이다. 퍼즐 16에서 홍보 슬로건인 '자유 의지는 공짜가 아니다' 그대로 제목으로 사용했다.

## CHAPTER 5

〈**I Want to be a Machine(나는 기계가 되고 싶어)**〉

1976년 빌리 커리(Billie Currie)와 존 폭스(John Foxx)가 발표한 곡이다. 퍼즐 20에서 노래명인 '나는 기계가 되고 싶어'를 그대로 사용했다.

《**The Fractal Geometry of Nature(자연의 프랙털 기하학)**》

1982년 브누아 망델브로(Benoît Mandelbrot)가 출판한 굉장히 흥미로운 책이다. 퍼즐 22에서 이 흥미로운 책의 제목을 그대로 사용했다.

존 버든 샌더슨 홀데인(J.B.S. Haldane)

홀데인은 만약 신이 지구의 모든 생물을 만들었다면 신은 전체 곤충 수의 절반에 해당하는 '딱정벌레에 대한 지나친 애정(inordinate fondness for beetles)'을 가지고 있을 것이라고 주장했다. 그러나 모든 지구 생물의 약 80%가 선충류(nematodes)인 것을 감안하면 홀데인이 신의 우선순위를 잘못 판단한 것으로 생각된다. 퍼즐 24에서 홀데인의 말을 '비캡처링 그룹과 부정적 전방 탐색에 대한 지나친 애정을 갖고 있다(has an inordinate fondness for non-capturing groups and negative lookaheads)'고 조금 수정해 인용했다.

APPENDIX A 〈**Learning to Use Regular Expressions(정규표현식 사용 방법)**〉
과거 필자가 작성한 글로 이 책의 부록에 포함된 튜토리얼이다.
https://gnosis.cx/publish/programming/regular_expressions.html

원자	atoms	
일반 기호	plain symbol	. . .
이스케이프	escape	\
그룹화 연산자	nrouping operators	( )
역참조	backreference	\#
문자 클래스	character class	[ ]
숫자 문자 클래스	digit character class	\d
비숫자 문자 클래스	non—digit character class	\D
영문자 클래스	alphanumeric char class	\w
비영문자 클래스	non—alphanum char class	\W
공백 문자 클래스	whitespace char class	\s
비공백 문자 클래스	non—whitespace char class	\S
와일드카드 문자	wildcard character	.
행 시작 부분	beginning of line	^
행 시작 부분(여러 줄)	beginning of string	\A
행 끝 부분	end of line	$
행 끝 부분(여러 줄)	end of string	\Z
단어 경계	word boundary	\b
비단어 경계	non—word boundary	\B
대체 연산자	alternation operator	|

상수(re 모듈)	constants	
대소문자 구분 없이 매치	re.IGNORECASE	`re.I`
현 locale에 근거해 문자 분류 인코딩	re.LOCALE	`re.L`
줄의 시작(^)과 끝($)이 개행 문자에도 매치	re.MULTILINE	`re.M`
. 메타 문자가 개행 문자 포함 인식	re.DOTALL	`re.S`
유티코드 인코딩 지정	re.UNICODE	`re.U`
정규표현식에 공백 및 주석 포함	re.VERBOSE	`re.X`

수량자	quantifiers	
전체 수량자	universal quantifier	`*`
비탐욕적 전체 수량자	non—greedy universal quantifier	`*?`
소유 전체 수량자	possessive universal quantifier	`*+`
존재 수량자	existential quantifier	`+`
비탐욕적 존재 수량자	non—greedy existential quantifier	`+?`
소유 존재 수량자	possessive existential quantifier	`++`
잠재 수량자	potentiality quantifier	`?`
비탐욕적 잠재 수량자	non—greedy potentiality quantifier	`??`
소유 잠재 수량자	posessive potentiality quantifier	`?+`
완전 분수 수량자	exact numeric quantifier	`{num}`
하위 수량자	lower—bound quantifier	`{min,}`
하위 분수 수량자	bounded numeric quantifier	`{min,max}`
비탐욕적 하위 수량자	non—greedy bounded quantifier	`{min,max}?`
소유 하위 수량자	possessive bounded quantifier	`{min,max}+`

그룹-라이크 패턴	group—like patterns	
패턴 수정자	pattern modifiers	`(?Limsux)`
주석	comments	`(?#...)`
비역참조 원자	non—backreference atom	`(?:...)`
긍정적 전방 탐색 어서션	positive lookahead assertion	`(?=...)`
부정적 전방 탐색 어서션	negative lookahead assertion	`(?!...)`
긍정적 후방 탐색 어서션	positive lookbehind assertion	`(?<=...)`
부정적 전방 탐색 어서션	negative lookbehind assertion	`(?<!...)`
이름 지정 그룹 식별자	named group identifier	`(?P<name>)`
이름 지정 역참조	named group backreference	`(?P=name)`
원자 그룹	atomic group	`(?>...)`

찾아보기